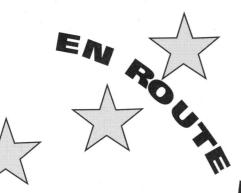

EN ROUTE VERS

l'Europe

FRENCH FOR LIFE, WORK AND STUDY

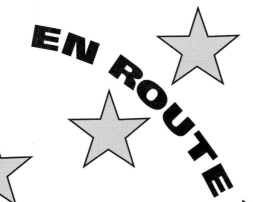

Elspeth Broady &
Catrine Carpenter

l'Europe

FRENCH FOR LIFE, WORK AND STUDY

Hodder & Stoughton

A MEMBER OF THE HODDER HEADLINE GROUP

British Library Cataloguing in Publication Data

Broady, Elspeth
  En route vers l'Europe
  1.French language – Textbooks for foreign speakers –
  English 2.French language – Spoken French
  I.Title II.Carpenter, Catrine
  448.2'421

ISBN 0 340 64830 9

First published 1996
Impression number   10 9 8 7 6 5 4
Year   2006 2005 2004 2003 2002

Typeset by Wearset, Boldon, Tyne and Wear
Printed in Great Britain for Hodder & Stoughton Educational, a division of Hodder Headline Plc, 338 Euston Road, London NW1 3BH by J.W. Arrowsmith Ltd, Bristol.

CONTENTS

En route vers l'Europe

ABOUT THE COURSE

Welcome to *En route vers l'Europe*. This course helps you build on a basic level of French so that you can cope with the demands of everyday communication. It also prepares you for studying and working abroad, covering skills such as telephoning, letter writing and giving presentations.

En route vers l'Europe is based around the experiences of Kate Cranfield, a British student who spends a year at the Université de Reims. You follow her from her train journey into Paris at the start of her year abroad to her first day in a summer job working for a public relations company in Strasbourg. You'll also hear from a number of French students studying in Great Britain.

The course is organised into ten units of work. Each unit consists of four sections, each built around an audio recording and/or written text, with exercises and activities for you to practise using new language. The first and third sections feature group work, while the second and fourth are more suitable for independent study.

There are three to four recordings per unit. The scripted dialogues and presentations cover a wide range of topics, introducing you to new language and recycling vocabulary and structures from previous units. The simulated radio programmes at the end of each unit and the authentic interviews in units 5, 6 and 8 give you opportunities to listen to relaxed French spoken at normal speed.

The *Phrases-clés* and *Pièces détachées* sections in each unit provide lists of key phrases and vocabulary, while grammar is covered in the *Mécanique* sections and in the *Grammar Summary* at the end of the book. The *Fiches d'activités* at the back of the book provide cue cards for the role plays and pairwork exercises referred to in each unit. The 🕮 symbol indicates group or pair work throughout the book. Transcriptions of the recordings and answers to the exercises are provided in the *Support Book* which accompanies the audio cassettes.

The following outline explains how each unit works.

STUDY GUIDE AND SITUATION	Overview of the unit and summary of the story so far
ÉCOUTER ET COMPRENDRE 1 **LIRE ET COMPRENDRE 1**	Exercises accompanying an audio recording and/or a written text
LES PHRASES-CLÉS 1	Key phrases from the recording or text
ON VA PLUS LOIN	Practice activities including oral pair work
LA MÉCANIQUE 1	Work on grammar points illustrated in recordings and text
STRATÉGIES	Ideas for improving your language learning
ÉCOUTER ET COMPRENDRE 2 **LIRE ET COMPRENDRE 2**	An opportunity to hear strategies being used or try them out yourself
LES PHRASES-CLÉS 2	Further key phrases
ON VA PLUS LOIN	Further practice activities
RÉVISION	Revision of language covered so far
ÉCOUTER ET COMPRENDRE 3 **LIRE ET COMPRENDRE 3**	Exercises accompanying further audio and/or written material
LES PHRASES-CLÉS 3	Further key phrases
ON VA PLUS LOIN	Further practice activities
LA MÉCANIQUE 2	More grammar points and exercises
ÉCOUTER ET COMPRENDRE	*Radio Sans Frontières*: a radio magazine on the theme of the unit
PIÈCES DÉTACHÉES	Checklists of key vocabulary from the unit, organised thematically
BILAN	A self-assessment for you to check your progress

INTRODUCTION

In conjunction with the cassette this introduction takes you through some basics you'll need to pick up quickly – the alphabet, numbers and some pronunciation tips – and there's a short test on some elementary French grammar.

1 L'alphabet en français

Listen to the alphabet spoken on the cassette. For each letter, a French word is given to help you remember the pronunciation: only the part in bold is pronounced. Underline the letters that are least similar to the English alphabet and then practise saying them until you feel confident.

A	à	N	l-**aine**
B	**baie**	O	**eau**
C	**c'est**	P	**pé**-age
D	**dé**	Q	**cu**-lotte
E	**eux**	R	**ère**
F	ch-**ef**	S	m-**esse**
G	**j'ai**	T	**té**-moin
H	**ach**-at	U	**eu**
I	**y**	V	**vé**-lo
J	**j'y**	W	**double vé**
K	**ca**-non	X	f-**ixe**
L	**elle**	Y	**y grec**
M	**aime**	Z	**z-aide**

é = accent aigu
è = accent grave
ê = accent circonflexe
ç = une cédille

tt = deux té
– = trait d'union

■ Now spell out loud:

   a your full name
   b your address
   c your place of birth

2 Les sigles

Sigles are words like 'GCSE' which are made up of initial letters. The French organisations, diplomas and inventions in the list below are all better known by their *sigle*. For each one, work out how the *sigle* is pronounced. Then listen to the list of *sigles* on the cassette and indicate below the order in which you hear them. The first *sigle* is IBM.

a Électricité De France   _____
b Télévision Française 1   _____
c le Train Grande Vitesse   _____
d Radio Télévision Luxembourg   _____
e International Business Machines   ___1___
f l'Agence Nationale Pour l'Emploi   _____
g la Société Nationale des Chemins de fer Français   _____
h le Réseau Express Régional (un 'métro' pour la banlieue
   parisienne)   _____
i un Institut Universitaire Technologique   _____
j un Certificat d'Aptitude Professionnelle   _____
k un Collège d'Enseignement Secondaire   _____

NUMBERS 📼 *3 Les nombres jusqu'à cent*

Listen to numbers from 1 to 100 and repeat them. (If this gets tedious, then work on the numbers in batches, e.g. 1–20 one day, 20–40 the next and so on.)

1 un	26 vingt-six	51 cinquante et un
2 deux	27 vingt-sept	52 cinquante-deux
3 trois	28 vingt-huit	53 cinquante-trois
4 quatre	29 vingt-neuf	54 cinquante-quatre
5 cinq	30 **trente**	55 cinquante-cinq
6 six	31 trente et un	56 cinquante-six
7 sept	32 trente-deux	57 cinquante-sept
8 huit	33 trente-trois	58 cinquante-huit
9 neuf	34 trente-quatre	59 cinquante-neuf
10 **dix**	35 trente-cinq	60 **soixante**
11 onze	36 trente-six	61 soixante et un
12 douze	37 trente-sept	62 soixante-deux
13 treize	38 trente-huit	63 soixante-trois
14 quatorze	39 trente-neuf	64 soixante-quatre
15 quinze	40 **quarante**	65 soixante-cinq
16 seize	41 quarante et un	66 soixante-six
17 dix-sept	42 quarante-deux	67 soixante-sept
18 dix-huit	43 quarante-trois	68 soixante-huit
19 dix-neuf	44 quarante-quatre	69 soixante-neuf
20 **vingt**	45 quarante-cinq	70 **soixante-dix**
21 vingt et un	46 quarante-six	71 soixante et onze
22 vingt-deux	47 quarante-sept	72 soixante-douze
23 vingt-trois	48 quarante-huit	73 soixante-treize
24 vingt-quatre	49 quarante-neuf	74 soixante-quatorze
25 vingt-cinq	50 **cinquante**	75 soixante-quinze

76 soixante-seize	**86** quatre-vingt-six	**96** quatre-vingt-seize
77 soixante-dix-sept	**87** quatre-vingt-sept	**97** quatre-vingt-dix-sept
78 soixante-dix-huit	**88** quatre-vingt-huit	**98** quatre-vingt-dix-huit
79 soixante-dix-neuf	**89** quatre-vingt-neuf	**99** quatre-vingt-dix-neuf
80 quatre-vingts	**90** quatre-vingt-dix	**100** cent
81 quatre-vingt-un	**91** quatre-vingt-onze	**1000** mille
82 quatre-vingt-deux	**92** quatre-vingt-douze	**1996** = mille neuf cent
83 quatre-vingt-trois	**93** quatre-vingt-treize	quatre-vingt-seize
84 quatre-vingt-quatre	**94** quatre-vingt-quatorze	
85 quatre-vingt-cinq	**95** quatre-vingt-quinze	

1st = premier/ière   **2nd**, **3rd**, **4th** etc. = deuxième, troisième, quatrième etc.

4 *Les dates*

Months of the year

janvier	avril	juillet	octobre
février	mai	août	novembre
mars	juin	septembre	décembre

How would you say the following dates? (In French, apart from *le premier*, you only say the number for dates – no need to add *ième*). Listen to them on the cassette and indicate the order in which you hear them. Then listen a second time and repeat after the speaker.

a le 14 juillet 1789 _____   **d** le 18 juin 1940 _____
b le 7 mai 1995 _____   **e** le 10 juin 1979 _____
c le 9 mai 1945 _____   **f** le 11 novembre 1918_____

■ Now say the following dates out loud in French:

i 16/3/58 **ii** 30/8/79 **iii** 21/7/69 **iv** 25/12/95

5 *La prononciation du français . . . quelques trucs*

PRONUNCIATION

French and English are similar in many respects. Much of the vocabulary in the two languages comes from common roots, and many words look similar. However, the pronunciation of French and English is very different.

Final syllable stress
In French, the final syllable of a word tends to be stressed. So *distance* is pronounced:

dis***tance***   not   ***dis***tance

■ Listen to the first part of *Introduction 5* to hear how the French words in the following list are pronounced with the stress on the last syllable. Practise your pronunciation by repeating after the speaker.

French	English
distance	distance
différence	difference
développement	development
Europe	Europe
européen	european
économique	economic
cité	city
identité	identity
université	university
union	union
expression	expression
communication	communication

Final consonants

If you're reading French out loud, avoid pronouncing words as you would in English. For example, consonants such as **d, n, r, s, t, x** and **z** are *not* usually *pronounced at the end of words*. The following pairs of words are pronounced identically, in spite of their different spelling:

je **viens**	il **vient**
je **peux**	il **peut**
je **travaille**	ils **travaillent**
excusez	**excuser**

■ So how would you pronounce the following words in French? Listen to their pronunciation in the second part of *Introduction 5* and repeat them after the speaker:

excusez-moi	comment	très bien	d'accord
je peux	accent	je viens	d'abord
vous			

■ Some final consonants such as **c, f** and **l** are frequently pronounced. How would you pronounce the following words? Check your pronunciation by listening to *Introduction 5* on the cassette:

la fac	intensif	mal	quel

Liaison

You will in fact sometimes hear a final **n, s** or **t** pronounced. Listen in *Introduction 5* to the way the consonants in bold are pronounced in the following phrases:

Vou**s** êtes anglaise?	O**n** allait souvent à Brighton
Je vou**s** en prie	Vou**s** allez à Reims?

■ A final **n**, **s** or **t** is often pronounced when *the following word starts with a vowel*. This is called *liaison* – which just means 'linking'. In *Introduction 5*, listen to the following phrases and indicate the liaison. Then repeat after the speaker.

Vous allez à Paris?   Nous avons un problème   Ils ont une voiture

Vous avez une   Nous étudions le français   Elles habitent en Allemagne
carte d'identité?

ELISION

In French, a number of grammatical words ending in **e** and **a** are *elided* when the following word begins with a vowel. This means that the **e** or **a** disappears and is replaced by an apostrophe. (Note that in most cases, **h** counts as a vowel.)

Typical examples

- **le, la**   Je **l'**appelle 'l'homme en noir'.
- **de**   Je viens **d'**Amsterdam
- **ne**   Je **n'**ai pas de voiture
- **je, me, te, se**   J'ai 20 ans, je **m'**appelle Sue
- **ce** (only with *être*)   C'est difficile, cet exercise
- **que** (not *qui*)   ... la fille **qu'**il aime
- **jusque, puisque**   J'ai cours **jusqu'**à 10h

In the exercises in this book, *you* will need to make the elisions where appropriate, e.g. Je (avoir) = *J'ai*.

TEST

(You can check your answers on p. 239 and consult the Grammar Summary for more information.)

6 *Adjective agreement*   ➡ *Grammar Summary, p. 230*

1 In the following sentences, choose the correct form to complete the gap:
  a J'adore la littérature _____.
     i français ii française iii françaises
  b Elle a écrit un livre très _____.
     i intéressant ii intéressante iii intéressants
  c Monsieur et Madame Mermet sont venus nous voir. Ils sont _____.
     i charmant ii charmantes iii charmants
  d Le directeur m'a présenté à _____ femme.
     i son ii sa iii ses
  e Nicole connaît _____ frère.
     i ma ii mon iii mes

7 Verbs

➡ *Grammar Summary, pp. 236–7*

2　In the following sentences, select the correct form to complete the gap:

a Ma cousine _____ en France depuis 1989.
　i habitera **ii** habitons **iii** habite

b Vous ne _____ pas partir puisque l'avion n'est pas encore arrivé.
　i peuvent **ii** pouvez **iii** peut

c Les enfants _____ beaucoup de sport.
　i font **ii** aller **iii** joue

d Qu'est-ce que vous _____ demain après-midi?
　i allez **ii** êtes **iii** faites

e Nous _____ allés en Italie l'été dernier. C'était formidable!
　i sommes **ii** allons **iii** vont

f Mes parents _____ venus me voir la semaine dernière.
　i ont **ii** vont **iii** sont

g Jérôme _____ ses études en 1993.
　i terminer **ii** termines **iii** a terminé

3　In the following conversations, give the correct form of the verbs in brackets:

ALAIN　Vous (**habiter**) _____(a) Paris?
JANE　Non, je (**habiter**) _____(b) Reims.
ALAIN　Vous (**parler**) _____(c) bien le français!
JANE　Mais non! Je le (**parler**) _____(d) très mal.
ALAIN　Et votre copain, il (**parler**) _____(e) français?
JANE　Oui . . . Il (**étudier**) _____(f) le français, mais il (**trouver**) _____(g) très difficile de le parler.
ALAIN　Et vous (**travailler**) _____(h) actuellement en France?
JANE　Oui, je (**être**) _____(i) professeur.
ALAIN　Et vos élèves, ils (**parler**) _____(j) bien l'anglais?
JANE　Certains, oui . . . mais d'autres (**être**) _____(k) paresseux. Ils ne (**travailler**) _____(l) pas.

PAUL　Où est-ce que tu (**aller**) _____(m) en vacances?
MARC　Je (**aller**) _____(n) en Italie. Je (**avoir**) _____(o) une amie qui (**faire**) _____(p) ses études là-bas.
PAUL　Elle (**être**) _____(q) italienne?
MARC　Non, elle (**être**) _____(r) française. Nous (**aller**) _____(s) passer un mois en Toscane. ·

ANDRÉ　Tu (**vouloir**) _____(t) venir au cinéma ce soir?
ANNE　Je suis désolée . . . je ne (**pouvoir**) _____(u) pas. Je (**devoir**) _____(v) travailler ce soir. Jane (**venir**) _____(w) m'aider à faire ma traduction.

unité 1 PREMIERS CONTACTS

LA SITUATION

Kate Cranfield est étudiante à l'université de Brighton en Angleterre. Dans le cadre de sa licence d'études commerciales, elle va passer un an en France à l'université de Reims. Avant d'aller à Reims, elle va suivre un cours de français à Paris dans une école de langues qui s'appelle Eurolangues. Pendant son stage elle va habiter chez son amie Édith Fayolle.

Édith Fayolle est étudiante en droit. C'est la correspondante de Kate. Elles se connaissent depuis l'âge de douze ans. Elle habite un petit appartement dans le 13ème arrondissement de Paris.

Hubert Lancien est également étudiant. Après avoir fait un diplôme d'informatique à l'IUT de Reims, il a fait un stage d'un an à l'université de Surrey dans le département d'électronique. Il rentre maintenant en France pour terminer une licence d'informatique à l'université de Reims.

ÉCOUTER ET
COMPRENDRE **1**

Conversation dans un train

À Dieppe, Kate monte dans le train pour Paris. Il y a beaucoup de monde.
Enfin elle voit une place libre à côté d'un jeune homme . . .

1 À votre avis, que va dire Kate au jeune homme:
   a Je suis anglaise. b Il fait beau. c Je peux m'asseoir?

2 Avant d'écouter le dialogue, lisez les affirmations suivantes. Ensuite,
   écoutez le dialogue et indiquez si elles sont vraies ou fausses. Corrigez
   celles qui sont fausses:
   a Hubert ne parle pas très bien l'anglais.
   b Kate vient de Londres.
   c Hubert ne connaît pas Brighton.
   d Kate fait des études de commerce.
   e Elle va faire un stage d'informatique à Paris.

3 Voici ce que Kate a noté dans son carnet d'adresse. Corrigez les erreurs:

> Hubert LANCIEN
> 5, avenue du Park
> REIMS 50 016
> Tél: 27 57 90 15

4 Maintenant faites correspondre les questions et les réponses que vous
   avez entendues dans ce dialogue:
   a Je peux m'asseoir?   i De l'informatique
   b Vous êtes anglaise?   ii 5, avenue du Parc
   c Vous êtes d'où en Angleterre?   iii Lancien
   d Qu'est-ce que vous faites comme
     études?   iv Mais oui, je vous en prie
   e Quel est votre nom de famille?   v De Manchester
   f Quelle est votre adresse?   vi Oui . . .

5 En travaillant à deux, posez-vous ces questions:
   a Comment vous appelez-vous?
   b Comment ça s'écrit?
   c Vous êtes d'où?
   d Vous êtes anglais(e)?
   e Vous êtes étudiant(e)?
   f Qu'est-ce que vous faites comme études?

PHRASES-CLÉS **1**

Engager la conversation

Je peux m'asseoir?	**Je vous en prie**
Vous êtes anglais/anglaise?	**Oui** . . . **Non, je suis** français/française
Vous êtes étudiant/étudiante?	**Oui** . . . **Non, je suis** professeur

Vous êtes d'où en Angleterre?	De Manchester ... **J'habite** (à) Brighton
Qu'est-ce que vous faites comme études?	**De l'**informatique **De la** biologie **Des** études commerciales
Comment vous appelez-vous?	**Je m'appelle** Hubert **Je suis** Kate
Quel est votre nom (de famille)?	**Lancien**
Comment ça s'écrit?	**L - A - N - C - I - E - N**
Quelle est votre adresse?	**5, avenue du Parc**
Quel est votre numéro de téléphone?	**C'est le 26-57-97-50** (Phone numbers in French are given in groups of two or three digits)
On se tutoie?	**D'accord**
Tu veux venir (au bar)?	

ON VA PLUS LOIN

1 Voici une conversation entre un Anglais (Alan) et une Française (Jeanne) qui se rencontrent dans un train. Choisissez une des phrases encadrées pour compléter les blancs:

   i Vous êtes anglais?
  ii Mais oui ... je vous en prie.
 iii Ah bon ... Et vous êtes en vacances?
  iv De la biologie ... Je vais prendre un café au bar. Vous voulez venir?
   v Vous parlez très bien le français. Vous êtes étudiant?
  vi C'est en Bretagne ... c'est une ville très agréable.
 vii Oui ... A l'université de Rennes.

ALAN   Je peux m'asseoir?
JEANNE (a)
ALAN   Merci.
JEANNE (b)
ALAN   Oui. Je suis de Londres.
JEANNE (c)
ALAN   Oui, je fais des études de français et d'allemand.
JEANNE (d)
ALAN   Oui, pour une semaine. Et vous, vous êtes étudiante aussi?
JEANNE (e)
ALAN   Ah bon! Je ne connais pas Rennes.
JEANNE (f)
ALAN   Et qu'est-ce que vous faites comme études?
JEANNE (g)
ALAN   Bonne idée ... allons-y!

2 Un peu d'imagination et . . . vous voici dans le train Paris–Rome. En face de vous une jeune femme qui lit un livre français. Vous n'avez pas remarqué le panneau NON FUMEURS. Imaginez le dialogue et complétez les blancs avec les mots qui manquent.

Vous	Pardon, je peux fumer?
JF	Mais . . . c'est un compartiment non fumeur . . .
Vous	Ah oui . . . excusez moi. _____ _____(a) italienne?
JF	Oui . . . et vous, vous êtes _____(b)?
Vous	Oui, c'est ça. _____ _____ _____(c) en Italie?
JF	De Rome.
Vous	Ah oui . . . Je ne connais pas bien l'Italie.
JF	Vous êtes _____(d)?
Vous	Oui, je fais des études de _____(e). Et vous aussi, vous êtes étudiante?
JF	Oui, moi j'étudie le français en Italie.
Vous	Ah d'accord. Vous _____(f) très bien le français.
JF	Merci. Je me_____(g) Giovanna. Et vous, comment vous _____(h)-vous?
Vous	Je me_____ _____(i).
JF	Vous êtes d'où en Angleterre?
Vous	_____(j).

3 Travail à deux: Vous allez vous entraîner à dire et à comprendre les adresses. L'un/e d'entre vous consultera la **Fiche 1A**, l'autre la **Fiche 1B**.

4 Travail à deux: Vous allez vous entraîner à échanger des informations un peu plus complexes. L'un/e d'entre vous consultera la **Fiche 2A**, l'autre la **Fiche 2B**.

LA MÉCANIQUE 1

Questions 1

➡ *For an overview, p. 235*

A INTONATION QUESTIONS

You can ask yes/no questions by raising your voice at the end of the sentence:

Vous êtes anglaise?

1 How would you ask the following? All the words you need are in the dialogue.
   a Can I come?
   b Are you Monsieur Leblanc?
   c Are you doing law?
   d Are you going to Reims?
   e Is that true?
   f Do you want a coffee?

B 'QU'EST-CE QUE' QUESTIONS

Qu'est-ce que vous faites comme études?

Qu'est-ce que (pronounced rather like *keske*) is used to find out *what* someone or something is doing. It is followed by a verb phrase, such as **vous faites** or **tu veux**.

2 How would you ask the following questions?
   a What are you doing this evening? (*ce soir*)
   b What are you going to have? A beer or a coffee?
   c What are you doing in Paris?
   d What do you want to do?

C 'QUEL EST' QUESTIONS
   Quel est votre nom?
   Quelle est votre adresse?

Quel est means *What is ...* and is always followed by a noun phrase, such as **votre nom** or **votre adresse. Quel** behaves like an adjective, so it changes depending on whether it refers to a masculine or a feminine, singular or plural noun.

3 How would you ask the following questions?
   a What's your nationality?
   b What's your phone number?
   c What's your job (*profession*)?

4 Use **qu'est-ce que** or **quel/quelle** to fill in the gaps:
   a _____ tu veux faire ce soir? Aller au cinéma ou regarder le film à la télé?
   b _____ vous faites en Angleterre?
   c _____ est le nom de l'acteur français qui joue dans le film *Green Card*?
   d _____ vous prenez? Un café ou un thé?
   e _____ est l'adresse de l'université de Reims?
   f _____ est la ville la plus importante en Belgique?
   g _____ vous allez faire en France?

STRATÉGIES *Making the most of your French*

To make progress in French, you'll need to find ways of practising regularly. Here are some ideas you could try:

- Listen to the *En route vers l'Europe* cassettes again and again (in your car, on your walkman, while you're doing the dishes) and then try making up your own dialogues.
- Try speaking French to yourself (warn your friends beforehand), practising new language you've heard or read.

- If you attend a class, try to use French as much as you can while you're there.
- Organise French-speaking social activities with friends.
- Find some French native speakers and arrange to meet regularly for conversation in both languages.

To maintain a simple conversation in French, it helps to be able to say you don't understand and if necessary to ask for help with the language. That is the focus of the following section.

ÉCOUTER ET
COMPRENDRE 2 🔲 *Questions sur la langue française*

1 Chez Édith, Kate travaille sur un exercice de grammaire française. Elle demande à Édith de l'aider. Écoutez le dialogue une première fois et répondez aux questions suivantes:

   a Kate ne comprend pas le mot français 'substantif': qu'est-ce que cela veut dire en anglais?

   b Quel est le substantif qui correspond au verbe 'voyager'?

   c Comment dit-on en français 'to have an appointment'?

   d Kate trouve difficile le genre en français: que veut dire 'genre'?

2 Écoutez encore une fois le dialogue, puis trouvez l'équivalent en français des expressions suivantes:

   a I've got a question to ask you.

   b I don't understand.

   c What does 'substantif' mean?

   d How do you say 'appointment' in French?

   e How do you spell it?

PHRASES-CLÉS 2 ## *Problèmes de langue*

1 Si vous ne comprenez pas un mot, vous dites:

     Je ne comprends pas . . . . . . , qu'est-ce que ça veut dire?

     Que veut dire . . . . . . ?

2 Si vous ne connaissez pas un mot en français, demandez la traduction:

     Comment dit-on . . . . . . en français?

3 Si vous ne savez pas comment écrire un mot, vous demandez:

     Comment ça s'écrit?

4 Si on vous pose une question et vous ne connaissez pas la réponse, vous dites:

     Je ne sais pas.

5 En parlant du français et de votre apprentissage, vous pouvez dire:

     C'est facile   La grammaire, **c'est facile**

     C'est difficile   Parler, **c'est difficile**

ON VA PLUS LOIN 1 Here are some difficult situations in which you might find yourself using French. What would you say?

   a In a bank, you need to know what the 'exchange rate' is, so you ask a French friend for the expression.

   b The friend tells you the expression. You need to write it down, so you ask him to spell it.

c You're reading a brochure from a language school and you keep coming across the word *'niveau'*. You want to know what it means.

d Camping in France, you need to buy a torch. You ask your bilingual neighbours what the word is.

e You're looking at the wine list in a restaurant in France when the waiter says to you *'Vous avez également l'excellente réserve du patron'*. Explain you don't understand.

f You go out with some French speakers you met on the campsite. As they all speak in very colloquial French, you take less and less part in the conversation. When one of them turns to you and asks *'Ça va?'*, you explain your language problems.

g You meet a French student on the campsite. He tells you where he is from, but you can't recognise the town, so you ask him to spell it.

h He has been reading an American magazine and asks you *'Que veut dire l'abbréviation ETV?'* You say you don't know.

i You then ask him some questions about French and he explains a particular grammar point by saying: *'le mot "le" peut avoir la fonction d'article défini ou de pronom personnel complément d'object direct'*. What do you say?

RÉVISION

1 Faites une liste de cinq questions que vous pourriez poser à un/e francophone.

2 Trouvez les questions qui correspondent aux réponses suivantes:
   a Je suis architecte.
   b Non, je suis belge.
   c De Liège.
   d L-I-E-G-E. C'est une grande ville dans le Sud de la Belgique.
   e Non, malheureusement je ne suis pas en vacances. J'ai un rendez-vous important dans dix minutes!

3  Travail à deux: L'un/e d'entre vous consultera la **Fiche 3A**, l'autre la **Fiche 3B**.

LIRE ET COMPRENDRE 1

Eurolangues

Édith veut améliorer son anglais. Elle sait qu'elle peut pratiquer un peu avec Kate, mais en même temps, elle veut suivre un cours d'anglais. Elle consulte la brochure d'Eurolangues, l'école où Kate va faire son stage linguistique.

Eurolangues
Centre de Langues
15, rue Jean-Ferrandi
Paris 75006
Tél: 43 05 73 19

Situé au cœur de Paris, Eurolangues s'adresse à des adultes de toutes nationalités et de tous niveaux, voulant apprendre une langue étrangère.

- Cadre confortable et équipement pédagogique moderne:
  15 salles de classe, 1 laboratoire de langues, 1 bibliothèque/ médiathèque avec télévision satellite et ordinateurs, snack-bar
- Professeurs natifs diplômés
- Les groupes sont limités à 12
- Langues proposées:
  Anglais, Allemand, Espagnol, Italien, Français (tous les niveaux)
  Arabe, Japonais, Russe (niveaux débutant, intermédiaire)

ANGLAIS, FRANÇAIS, ESPAGNOL

Type de cours	Niveau	Heures	Horaires
Intensif	Tous les niveaux	25 heures par semaine	9h–12h et 14h–16h du lundi au vendredi
Semi-intensif	Tous les niveaux	15 heures par semaine	9h–12h du lundi au vendredi
Trimestriel	Tous les niveaux	6 heures sur 10 semaines	• 8h–10h le mardi, le mercredi, le jeudi • 14h–16h le lundi, le mardi, le mercredi
Cours du soir	Débutant	2 heures sur 20 semaines	18h–20h • le lundi • le mercredi
	Intermédiaire	2 heures sur 20 semaines	18h–20h • le mardi • le mercredi • le jeudi
	Avancé	2 heures sur 20 semaines	18h–20h • le lundi • le jeudi

1 Répondez à haute voix aux questions suivantes:
  a Quelle est l'adresse d'Eurolangues?
  b Quel est son numéro de téléphone?
  c Il y a combien de salles de classes?
  d Combien de langues sont enseignées?

2 Choisissez le cours et l'horaire qui conviennent aux personnes suivantes:
  a Stefano est italien. Il veut étudier l'anglais à un niveau avancé. Il veut un cours de 6 heures par semaine, mais il travaille le lundi après-midi.
  b Hong est chinois. Il a fait un peu de français à l'école. Maintenant il travaille comme ingénieur et il doit vite améliorer son français. Il travaille tous les après-midi.

   c Birgit est allemande. Elle travaille comme jeune fille au pair. Elle suit déjà un cours de français. Elle veut améliorer son espagnol. Elle le parle déjà bien. Elle est libre le lundi.

   d Édith veut suivre un cours d'anglais (niveau intermédiaire) le soir. Pendant la journée, elle prépare sa licence de droit, et elle travaille le mardi et le mercredi soir comme serveuse dans un restaurant.

ÉCOUTER ET COMPRENDRE 3

Édith s'inscrit à un cours de langue

1 Édith décide de s'inscrire à un cours d'anglais à Eurolangues. Voici la fiche d'inscription que la secrétaire doit remplir. Avant d'écouter le dialogue, faites la liste des questions qu'elle va poser à Édith.

EUROLANGUES

Nom: . . . . Prénom: *Édith* . . . .

Adresse: . . . .

Tél: . . . .

Nationalité: . . . .

Langue: *Anglais* . . . .

Niveau: . . . .

Diplômes: . . . .

Horaire choisi: . . . .

---

2 Écoutez le dialogue et complétez la fiche d'inscription.

3 Répondez maintenant aux questions suivantes:

   a Est-ce qu'il reste des places pour le cours d'anglais niveau intermédiaire?

   b Est-ce que c'est la première fois qu'Édith suit des cours à Eurolangues?

   c Est-ce qu'elle va revenir pour passer le test de niveau?

ON VA PLUS LOIN

1 Travail à deux: Vous allez faire une inscription dans une école de langues. L'un/e d'entre vous consultera la **Fiche 4A** et l'autre la **Fiche 4B**.

LA MÉCANIQUE 2 *Questions 2*

➡ *For an overview, p. 235*

A 'EST-CE QUE' QUESTIONS
Est-ce que vous avez notre brochure?
Est-ce que vous voulez passer le test tout de suite?

Questions beginning with **Est-ce que** are yes/no questions, like intonation questions (◄ Mécanique 1, p. 5). **Est-ce que** doesn't change the meaning: it simply adds a bit of extra weight to the question. Intonation questions tend to be used very frequently in relaxed speech, but are not usually used in writing. **Est-ce que** questions are used in both speech and writing.

B 'QUEL' + NOUN QUESTIONS
Vous préférez **quel jour?**
Quelles langues parlez-vous?

Notice that you can put the **quel** + *noun* after or before the verb. If you put it before the verb, then you invert the subject and the verb:

Vous préférez **quel jour?**
Quel jour préférez-vous?

1 How would you say the following in French:
  a Which days can you come?
  b Which languages do you speak?
  c Which towns do you know in France?
  d Which date do you prefer?

C QUESTIONS WITH 'COMMENT, QUAND, OÙ'
Le test, c'est **quand?**
Comment dit-on . . . ?
Où l'avez-vous appris?

Comment, **quand** and **où** can go at the end or at the beginning of a question. If they go at the beginning, then you usually invert the subject and the verb. (In some colloquial phrases this doesn't happen, e.g. **Comment ça va? Comment ça s'écrit?**)

2 Here are some questions which students at Eurolangues asked Chantal Thibault, one of the teachers. Fill in the gaps with the appropriate question word.

  a _____ vous appelez-vous?   Je m'appelle Chantal Thibault.
  b _____ habitez-vous?   À Paris, dans le 16ème arrondissement.
  c _____ vous faites dans la vie?   Je suis professeur.
  d _____ travaillez-vous?   À l'école de langues Eurolangues.
  e Vous prenez vos vacances _____?   Au mois de mai.
  f _____ passez-vous vos vacances?   Souvent en Crète.
  g Votre anniversaire, c'est _____?   Mon anniversaire? C'est le 21 janvier.
  h _____ âge avez-vous?   Ah ça c'est un secret!

ÉCOUTER ET
COMPRENDRE **4**

🔲 *Radio Sans Frontières: Comment apprendre une langue étrangère*

Maintenant vous allez passer quelques instants à l'écoute de *Radio Sans Frontières*, une radio européenne qui émet à partir de Reims et diffuse ses émissions à travers l'Allemagne, l'Angleterre, les Pays-Bas, la Belgique et bien sûr le reste de la France.

RADIO SANS FRONTIERES

La radio des jeunes de 7 à 77 ans!

11.55   **Cacophonie:** magazine animé par Philippe Jomain et Cécile Paris.

Aujourd'hui: comment apprendre une langue étrangère.

Des invités racontent leurs expériences.

12.00   **Flash-infos**

1   Écoutez l'émission et complétez la grille pour chaque participant:

	Nationalité	Langues étrangères	Niveau
Philippe	*français*		
James		*français*	*parle couramment*
Édith			
Valérie	*française*	*1 espagnol* *2*	*parle bien*

2 Écoutez encore une fois et identifiez la personne qui correspond à chaque phrase ci-dessous:

  a a travaillé pendant 6 mois à Brighton.
  b travaille comme guide avec des touristes à Paris.
  c va dans le pays et échange des cours de langue.
  d passe un mois chaque été chez son correspondant français.

3 🗩 Et vous? Quelles langues étrangères parlez-vous? Vous avez quel niveau? Discutez-en avec votre voisin/e.

4 🗩 Quelle est pour vous la meilleure façon d'apprendre une langue étrangère? Indiquez l'ordre d'importance des éléments suivants (10 = le plus important; 1 = le moins important). Ensuite comparez vos réponses avec celles des autres étudiants.

- Aller dans le pays
- Étudier la grammaire
- Regarder la télévision satellite
- Répéter des phrases
- Faire des listes de vocabulaire

- Acheter un dictionnaire
- Écouter des cassettes
- Parler avec d'autres étudiants
- Regarder des films en langue étrangère
- Lire des journaux étrangers

PIÈCES DÉTACHÉES

Les études

Noms

une bibliothèque	*library*	À Eurolangues il y a une bibliothèque
un cours	*course, class*	Kate va suivre un cours intensif
un diplôme	*qualification, diploma*	Est-ce que vous avez des diplômes?
un/e étudiant/e	*student*	Vous êtes étudiant?
les études (*f*)	*studies*	Qu'est-ce que vous faites comme études?
une licence	*first degree*	Il termine une licence d'informatique
une option	*option*	J'ai fait l'option allemand au bac
un ordinateur	*computer*	L'informatique? . . . les ordinateurs et tout ça
un stage	*course, placement*	Il a fait un stage d'un an
un test	*test*	passer un test
une université	*university*	à l'université de Reims

Les matières

la chimie	*chemistry*
le droit	*law*
les études commerciales/ de commerce	*business studies*
le génie civil	*civil engineering*
l'informatique (*f*)	*computing, IT*
la littérature	*literature*

| les sciences naturelles | *natural sciences* |
| les sciences appliquées | *applied sciences* |

(Most other subjects are similar to English, e.g. la psychologie = *psychology*)

Apprendre une langue étrangère

Noms

un accent	*accent*	avoir un bon accent en anglais
un dictionnaire	*dictionary*	Il faut chercher dans le dictionnaire
un laboratoire de langues	*language lab*	Il y a un laboratoire de langues à Eurolangues
une médiathèque	*multi-media resource centre*	
un niveau	*level*	avoir un bon niveau en anglais
une traduction	*translation*	une traduction anglaise

Verbes

apprendre	*to learn*	apprendre une langue étrangère
comprendre	*to understand*	Je ne comprends pas
connaître	*to know (something)*	Je ne connais pas ce mot
dire	*to say*	Comment dit-on … ?
écrire	*to write*	Comment ça s'écrit?
lire	*to read*	lire un journal étranger
parler	*to speak*	Je préfère parler français
savoir	*to know*	Je ne sais pas
traduire	*to translate*	Traduisez en anglais

Adjectifs

bon(ne)	*good*	Je ne suis pas très bon(ne) en anglais
mauvais(e)	*bad*	Je suis mauvais(e) en allemand

Adverbes

couramment	*fluently*	Je parle couramment l'anglais

Les pays, les nationalités et les langues

Le pays = l'Allemagne
La langue = l'allemand (m)
Le peuple = les Allemands, un Allemand, une Allemande

L'Allemagne (*f*)	*allemand/e*	**German**
l'Angleterre (*f*)	*anglais/e*	**English**
la Belgique	*belge*	**Belgian**
le Canada	*canadien/ne*	**Canadian**
la Chine	*chinois/e*	**Chinese**
l'Écosse (*f*)	*écossais/e*	**Scottish**
l'Espagne (*f*)	*espagnol/e*	**Spanish**
les Etats-Unis	*américain/e*	**American**
la France	*français/e*	**French**

la Grèce	*grec/grecque*	**Greek**
l'Italie (*f*)	*italien/ne*	**Italian**
l'Irlande (*f*)	*irlandais/e*	**Irish**
le Japon	*japonais/e*	**Japanese**
les Pays-Bas	*néerlandais/e*	**Dutch**
le Pays de Galles	*gallois/e*	**Welsh**
le Portugal	*portugais/e*	**Portuguese**
la Russie	*russe*	**Russian**

➡ Page 49 for use of *en*, *au* and *aux* + countries

BILAN

1 Answer the following questions:
   a Vous êtes allemand(e)?
   b Vous faites des études de droit?
   c Vous habitez où?
   d Votre anniversaire, c'est quand?

2 Spell your name and address and say your telephone number out loud.

3 Say the following telephone numbers out loud:
   a 46-32-12-10 b 52-16-07-18 c 24-36-57-15

4 You've come across the word *la concurrence* in your reading. How would you ask a French friend what it means?

5 You want to find out the following information from a French student. What would you say?
   a Where are you from?
   b What are you studying?
   c Is English difficult?
   d Do you speak German?

6 You want to invite the student to the bar. What would you say?

7 You board a train in Paris and you're not sure if you're in a smoking or non-smoking compartment. What do you say?

8 You're feeling very confident of your French. You explain to a French friend how French is easy: the grammar is easy, the vocabulary is easy, reading in French (*lire en français*) is easy. Only speaking is a little difficult because you don't speak fluently. What would you say?

9 Find possible questions for the following answers.
   a _____ En Grèce.
   b _____ Le 6 juin.
   c _____ A l'université de Brighton.
   d _____ Oui, je suis professeur.
   e _____ Le français et le russe.
   f _____ Oui, je connais très bien Moscou.

10 Complete the following text, with words from the box below:

> difficile université semaines couramment études licence école
> niveau stage

Kate est arrivée à Paris et va passer trois _____(a) chez son amie Édith. Elle va faire un _____(b) intensif de français dans une _____(c) de langues qui s'appelle Eurolangues.

Hubert a terminé son année à l'_____(d) de Surrey et rentre à Reims pour poursuivre ses _____(e) d'informatique. Il va préparer une _____(f) à l'IUT de Reims.

Édith veut suivre un cours d'anglais à Eurolangues. Elle a un bon _____(g) en allemand, mais elle ne parle pas _____(h) l'anglais. Elle trouve l'anglais plus _____(i) que l'allemand.

unité 2 S'ORIENTER

LA SITUATION

On est lundi matin. Kate et Édith ont passé le week-end à visiter les monuments célèbres de Paris: la Tour Eiffel, le Centre Pompidou, la Cathédrale de Notre-Dame. Ce matin, Kate se présente à Eurolangues pour commencer son stage. En première heure elle a un cours de révision grammaticale, puis un cours de civilisation française.

Édith doit se remettre à ses études. Elle va passer la matinée à la bibliothèque de la faculté de droit. C'est dans le même quartier qu'Eurolangues. Vers onze heures moins le quart, elle décide de passer à Eurolangues pour donner rendez-vous à Kate pour le déjeuner.

ÉCOUTER ET COMPRENDRE 1

Kate s'inscrit à l'école de langues

1 Kate s'inscrit à Eurolangues. Imaginez trois questions que la secrétaire d'Eurolangues va lui poser. Ensuite écoutez le dialogue pour vérifier vos réponses et faites les exercices ci-dessous.

2 Indiquez dans l'agenda l'emploi du temps de Kate.

Lundi	
Mardi	
Mercredi	
Jeudi	
Vendredi	

3 Voici le plan d'Eurolangues. Il y a trois étages. À quoi correspondent les lettres?

A _____

B _____

C _____

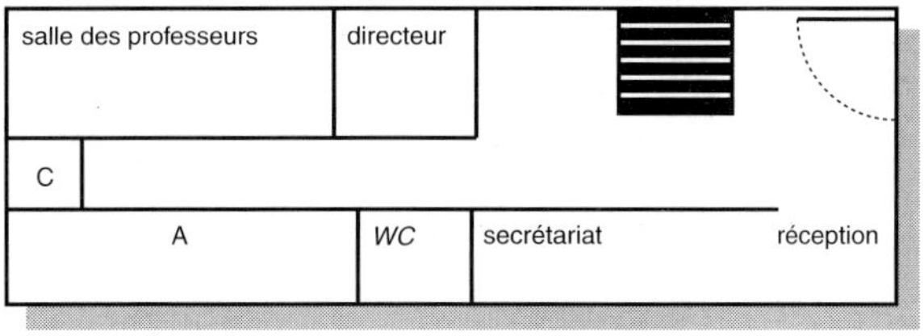

Le rez-de-chaussée

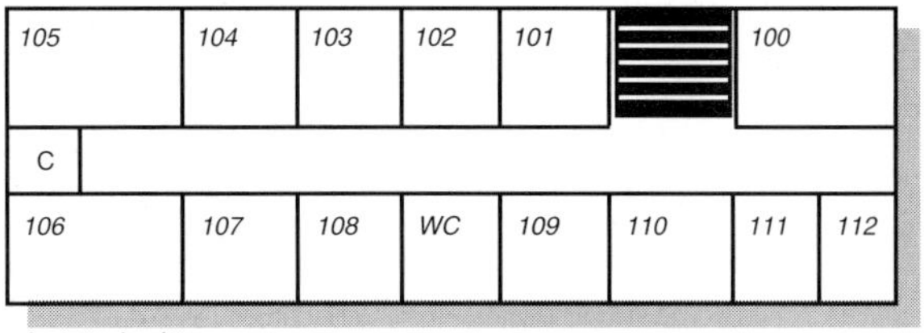

Le premier étage

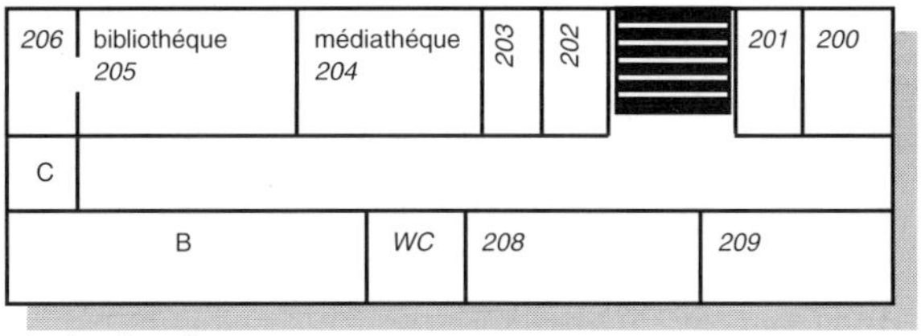

Le deuxième étage

4 Voici les renseignements que Kate a notés pour son premier cours. Complétez ses notes et corrigez les erreurs:

Madame _____?
Room? ground floor next to the lift
Start: 10.00

5 Complétez les phrases suivantes.

a Vous cherchez le snack-bar? C'est au _____-_____-_____.

b Le snack-bar est _____ _____ à dix heures.

c Vous cherchez l'ascenseur? C'est au _____ _____ _____.

d Vous cherchez le laboratoire de langues? C'est au _____ _____.

e Les salles de classe? Elles sont au _____ _____.

PHRASES-CLÉS 1

Situer un lieu

Ici nous sommes	**au rez-de-chaussée**
La salle 105, **c'est**	**au premier étage**
	au deuxième étage

Au premier étage,	**vous avez**	les salles de classe
Au deuxième,	**il y a**	le laboratoire de langues
L'ascenseur	**est**	**au fond du couloir**
Le laboratoire de langues	**se trouve**	**au deuxième étage**
		à droite
		à gauche

Expliquer un horaire

Vous avez cours	**le mardi** et **le jeudi**
	tous les matins
	de 9 heures **à** midi et l'après-midi **jusqu'à** 5 heures
Vous commencez	à neuf heures et demie
Vous terminez	à cinq heures
Le snack-bar	**est ouvert**
	est fermé

ON VA PLUS LOIN

1 André, un ami d'Édith, se rend au Centre Pompidou pour voir une exposition. Il demande des renseignements à l'accueil. Que répond l'hôtesse? Choisissez la bonne réponse pour remplir les blancs:

> **i** Oui, c'est ça. L'escalier se trouve derrière le magasin.
> **ii** C'est au deuxième étage . . . mais l'exposition est fermée aujourd'hui.
> **iii** Oui, Monsieur . . . jusqu'à 17h30.
> **iv** Le restaurant est ouvert de midi jusqu'à trois heures.
> **v** Je vous en prie, Monsieur. Tenez, voici un plan du Centre.

ANDRÉ	Pardon Madame, l'exposition Michel Bouvet, c'est où?
HÔTESSE	(a)
ANDRÉ	Dommage . . . Et la médiathèque, elle est ouverte?
HÔTESSE	(b)
ANDRÉ	Et c'est au premier étage?
HÔTESSE	(c)
ANDRÉ	Merci . . . et le restaurant ouvre à quelle heure?
HÔTESSE	(d)
ANDRÉ	Merci beaucoup Madame.
HÔTESSE	(e)
ANDRÉ	Merci . . . au revoir.

2 Regardez le plan d'Eurolangues à la page 19. Imaginez les conversations suivantes:
  a Édith vient d'entrer dans l'école. Elle a rendez-vous avec Kate au snack-bar, mais elle ne sait pas où il se trouve. Elle demande des renseignements à l'accueil.

b Édith trouve le snack-bar, mais Kate n'est pas là. Elle doit être à la médiathèque. Édith demande à un autre étudiant où se trouve la médiathèque.

3 🗩 Travail à deux: L'un/e d'entre vous consultera la **Fiche 5A**, l'autre la **Fiche 5B**.

4 🗩 Travail à deux: L'un/e d'entre vous consultera la **Fiche 6A**, l'autre la **Fiche 6B**.

LA MÉCANIQUE 1 | *Avoir, faire; il y a, c'est; à/au, de/du*

A AVOIR, FAIRE
Avoir and **faire** are used in a variety of useful phrases. Here are the ones you've met so far. Add to this list as you come across further examples.

AVOIR	FAIRE
Vous avez notre brochure?	Qu'est-ce que **vous faites en France?**
Vous avez des cours tous les matins	Qu'est-ce que **vous faites comme études?**
Au premier, **vous avez les salles de classe**	**Je fais des études de** droit
J'ai le temps de prendre un petit café	**Vous faites des progrès?**
J'ai une question à te poser	**Il fait un stage** d'un an en Angleterre
J'ai rendez-vous avec Kate	

1 Fill the gaps with expressions from the above list:
  a Vous _____ un stage d'un mois en France? Vous allez faire _____ _____ en français.
  b Il est déjà midi. Je n'ai pas _____ _____ de manger. Je dois partir tout de suite.
  c Voici la bibliothèque. Ici à gauche, vous _____ les journaux et les revues.
  d Ma sœur _____ _____ _____ de biologie à l'université de Paris XII.
  e – Qu'est-ce que vous _____ demain matin?
    – À 11h j'ai _____ chez le dentiste, mais je suis libre après.
  f Pardon, Monsieur, j'ai _____ _____ à vous poser: comment dit-on *'library'* en français?
  g Dans cette brochure, vous _____ tous les renseignements sur la ville de Paris.

B IL Y A, C'EST

Au deuxième étage **il y a** le laboratoire et la bibliothèque.
La salle 105, **c'est** au premier étage.

Compare the way **il y a** and **c'est** are used above. **Il y a** introduces new information: it tells you *there is* or *there are*. **C'est** is used to comment or give further information: for example, *it's* on the first floor.

2 Fill in the gaps below with **il y a** or **c'est**:
   a À Paris, _____ beaucoup de monuments historiques.
   b Paris, _____ la capitale de la France.
   c Vous cherchez le secrétariat? _____ la porte à gauche.
   d _____ un restaurant en face de l'école?
   e Pardon Madame, est-ce qu'_____ un café près d'ici?
   f La bibliothèque? _____ à gauche en sortant de l'ascenseur.
   g Apprendre une langue étrangère, _____ facile!

C À/AU, DE/DU

C'est **à** gauche.   Vous avez des cours **de** neuf heures à midi.
C'est **au** premier étage.   C'est au fond **du** couloir.

Just as in English we say *'I'm going **to** Paris'* but also *'I'm going **to the** bar'*, so in French, **le**, **la** or **les** can be used after **à** or **de**. You can put **la** after **de** or **à**, but you can't do the same with **le** or **les**.

à + le = **au**	de + le = **du**
à + l' = **à l'**	de + l' = **de l'**
à + la = **à la**	de + la = **de la**
à + les = **aux**	de + les = **des**

3 Choose the correct form (**au, à l', à la, aux, du, de l', de la, des**) to fill the gaps:
   a Ma sœur fait ses études _____ université (*f*) de Pau.
   b Tous les week-ends, nous allons _____ mer (*f*).
   c Vous allez _____ concert (*m*) ce soir?
   d Le café se trouve à côté _____ gare (*f*).
   e C'est près _____ château (*m*).
   f C'est en face _____ toilettes (*fpl*).
   g La caisse est au fond _____ magasin (*m*).
   h Je ne vais pas voter _____ élections (*fpl*).

STRATÉGIES *Listening for key information*

- You'll probably have the impression that French is spoken very fast. But rather than worry about what you haven't understood, make an intelligent guess at what is being said. Remember, you don't have to understand every word.
- In a given situation, you can often predict what someone is saying. For example, if someone asks you a question at a bus stop, it's probably to do with when the next bus is due. Before you listen to dialogues on the cassette, picture the scene and try to predict what is likely to be said.

- In many real-life situations, you need only listen for key information, for example, the time the train goes, or the price of the ticket, or the address of a restaurant.
- In face-to-face conversations, you can always check key information by repeating it back. And if you didn't catch it, you can always ask the speaker to repeat it. You'll hear Édith and Kate doing just this in the next recording.

ÉCOUTER ET COMPRENDRE 2

Demander des renseignements

Vous allez entendre quatre dialogues très courts. D'abord lisez ci-dessous les titres et imaginez ce qui va être dit. Puis écoutez et notez, dans chaque cas, les renseignements qui vous semblent importants:

1 Édith cherche les toilettes.

2 Édith cherche la salle 105.

3 Édith propose à Kate de manger ensemble.

4 Un professeur rappelle l'horaire et la salle pour le cours du lendemain.

PHRASES-CLÉS 2

Demander son chemin

Pardon, Madame, où sont les toilettes **s'il vous plaît?**
Le restaurant *Chez Odile,* **c'est où?**

Là-bas …	**à gauche**	**à côté du** secrétariat
Ici	**à droite**	**au fond du** couloir
C'est	**tout droit**	**en face du** restaurant
En sortant	**d'**ici	**tu prends** la première rue
	de l'ascenseur	à droite
Ce n'est pas loin		

Pardon, vous pouvez répéter s'il vous plaît?

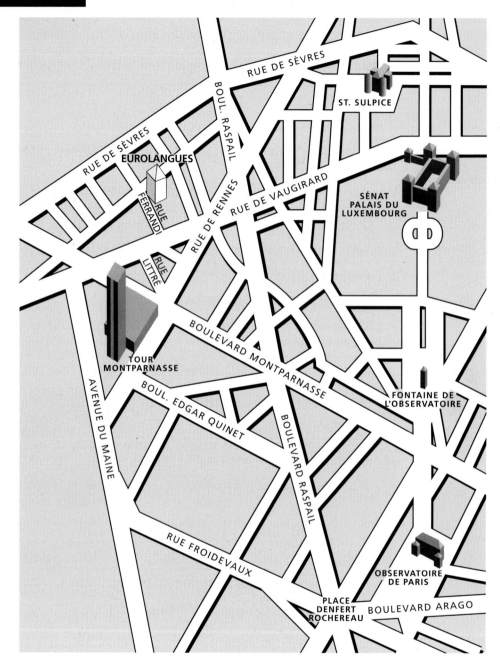

1 Suivez sur le plan les directions données ci-dessous.

   a Complétez les blancs:

     i Vous êtes à l'école Eurolangues. Vous descendez la rue Ferrandi et vous traversez la rue de Vaugirard. Vous prenez la rue Littré. Au bout de cette rue, vous vous trouvez en face de _____.

     ii Vous descendez le boulevard Montparnasse jusqu'au boulevard

Raspail. Vous cherchez l'Observatoire de Paris. Vous tournez donc à
_____ et vous descendez le boulevard Raspail jusqu'à la place
Denfert Rochereau, puis vous prenez le boulevard Arago.
L'Observatoire est sur votre _____.

  b De l'Observatoire, vous prenez le bus qui remonte le boulevard
Raspail. Vous descendez à la rue de Vaugirard. La tour Montparnasse
est derrière vous. Vous cherchez l'église St. Suplice. Vous demandez
votre chemin à un passant. Imaginez le dialogue.

2 Le texte ci-dessous décrit une promenade dans les environs de Laruns,
une petite ville au pied des Pyrénées. Lisez le texte en suivant la route sur
le plan. Puis, traduisez-le en anglais.

LARUNS   Promenade d'Espalungue Temps: 1h30 Distance: 4km
De la place principale de Laruns, prenez la rue qui mène au quartier Pon (à
gauche en sortant de l'Office du Tourisme). Traversez le pont, tournez à
gauche et montez sur la route goudronnée jusqu'au château d'Espalungue.
Au château, la route se termine. Prenez alors à droite un sentier étroit qui
monte jusqu'au village d'Assouste. À la sortie du chemin, tournez à droite.
Traversez le village d'Assouste et suivez la D240 sur 1 km environ. Au
carrefour, tournez à droite et ne quittez plus cette route pour arriver au
camping le Valentin. Traversez le camping et prenez à gauche un sentier qui
descend au bord du gave. Traversez à nouveau le pont et revenez sur la
place principale.

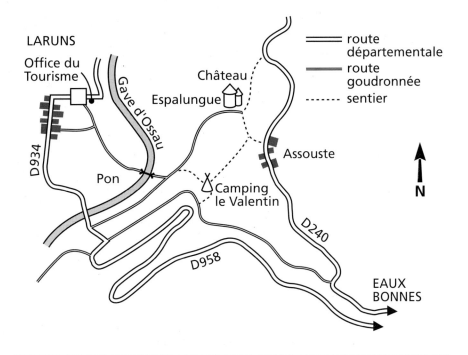

You will probably need to use a dictionary to complete this translation.
When you've finished your first draft, read it out loud to make sure it sounds
English. (le gave = la rivière)

RÉVISION

1 On vous demande de traduire les messages suivants. Toutes les expressions nécessaires se trouvent dans les dialogues et les activités que vous avez travaillés dans cette unité.

a

> The coffee bar is closed until 11.30.
> There is a coffee machine on the fourth floor next to the library.

b

> André
> I've got an appointment at 10.00. We're going to eat at Brown's café at 1.00. It's not far. As you go out of here, you take the second street on your left – Sydney Street. The café is next to the pub 'The King's Head'.

c

> The exhibition on the ground floor is open from 9.30 am until 5.30 pm.

2 ⬛) Travail à deux: L'un/e d'entre vous consultera la **Fiche 7A**, l'autre la **Fiche 7B**.

ÉCOUTER ET COMPRENDRE 3

🔲 *Introduction à la géographie française*

In the following recording, you'll hear the beginning of a lecture on the geography of France. Remember, you don't have to understand every word. Your aim is first to get the gist, using the maps which follow to help you understand.

1 Avant d'écouter l'exposé, regardez les trois cartes de France et répondez aux questions les concernant:

CARTE 1

   a Savez-vous à quoi correspondent les numéros marqués sur la carte?

Carte 1: La France – régions et départements

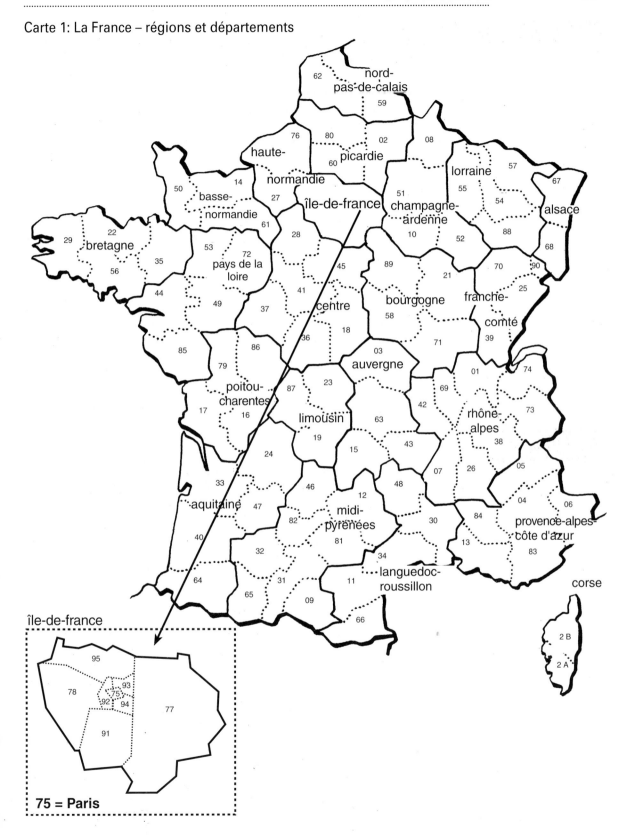

CARTE 2

b Pouvez-vous identifier les villes numérotées sur la carte?

  i Toulouse est situé au sud. _____

  ii Lille se trouve au nord. _____

  iii Nantes est situé à l'ouest. _____

  iv Grenoble se trouve au sud-est de Lyon. _____

  v Strasbourg est situé au nord-est. _____

  vi Montpellier est situé au sud, près de la côte
      méditerranéenne. _____

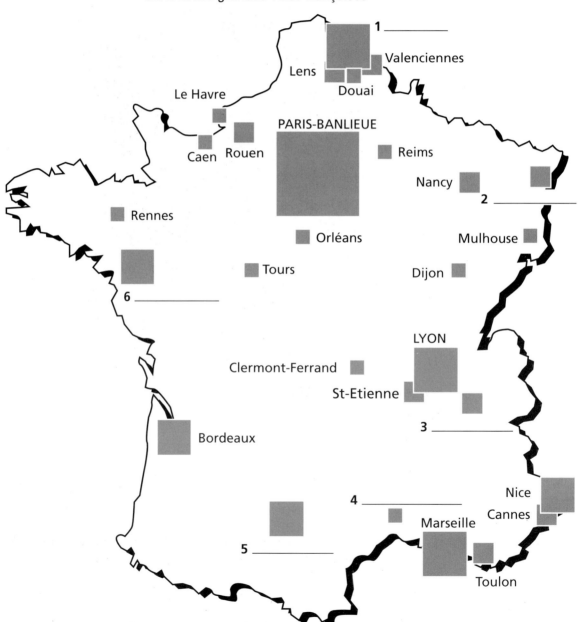

Carte 2: Les grandes villes françaises

CARTE 3
  c Les régions industrielles se trouvent plutôt au sud/à l'est/à l'ouest?
  d Les régions agricoles se trouvent plutôt à l'est/au nord/à l'ouest?
  e Quelle ville correspond à la lettre?
     A _____ ?
     B _____ ?

Carte 3: Orientation économique des départements

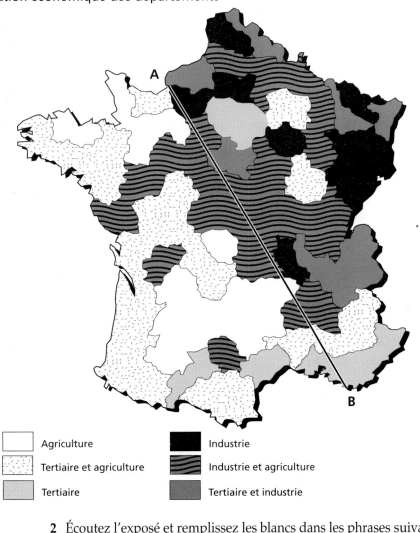

	Agriculture		Industrie
	Tertiaire et agriculture		Industrie et agriculture
	Tertiaire		Tertiaire et industrie

  2 Écoutez l'exposé et remplissez les blancs dans les phrases suivantes:
     a La France est divisée en _____ régions et _____ départements.
     b En France, il y a une grande _____: un _____ de la population vit à Paris.
     c Lyon, la _____ ville de France est _____ fois moins peuplée que Paris.
     d Les régions industrielles se trouvent à l'_____, les régions agricoles à l'_____.
     e Depuis la fin des années 70, il y a une migration du _____ vers le _____.
     f Des entreprises associées aux _____ _____ sont attirées vers le sud.

3 Les informations présentées dans l'exposé vous aideront à répondre aux questions suivantes. Réécoutez-le si nécessaire.

a Que signifie le chiffre 75 dans l'adresse suivante?

> Mme Anne Lalier
> 148 avenue Malakoff
> PARIS 75016

b Voici quelques plaques d'immatriculation françaises. D'où viennent ces voitures?

| 2141 BGT 75 | 4789 FQY 95 | 8957 VOP 91 |

c Quelle est la population de l'agglomération parisienne?
  i 19 millions **ii** 9 millions **iii** 6 millions
d Quelle est la population de Lyon?
  i environ 1,27 million **ii** environ 4,55 million **iii** environ 0,70 million
e Dans la liste suivante, identifiez les deux ports:
Lille, Grenoble, Marseille, Limoges, Rennes, Le Havre, Reims, Strasbourg

---

LA MÉCANIQUE 2

Adjectives

➡ *For an overview, p. 230*

A ADJECTIVE/NOUN RELATIONSHIPS

Nouns	Adjectives
la France	français
Paris	parisien
la population	peuplé
l'importance	important

In the list above, you can see how certain adjectives and nouns are related. Associating words from the same 'family' in this way can help you build up your vocabulary.

1 Find the adjectives corresponding to the nouns given below. Then check your answers by listening to *Écouter et comprendre 3* again.
  a l'administration   **e** l'économie
  b la poste   **f** le tourisme
  c Méditerrannée   **g** l'industrie
  d la culture

B ADJECTIVE AGREEMENTS
un port **français**   la géographie **française**
les deux **grands** ports   les **grandes** villes

As you can see from the examples above, adjectives change according to the noun they describe. The general rule is to add an *e* for the feminine form, an *s* for the masculine plural and an *es* for the feminine plural, but check Sections 1 and 2 on pages 230–31 for more detail.

2 In the sentences below, fill in the right ending for each adjective.
   a L'agglomération parisi____ a une population de 9 millions.
   b Paris est le centre administrati____ de la France.
   c Lyon, c'est un importan____ centre cultur____.
   d Le Nord de la France est plus industri____ que l'Ouest.
   e Strasbourg et Grenoble sont des villes importan____ à l'est de la France.
   f Marseille est un port méditerrané____.
   g La côte méditerrané____ est plus touristique que la côte atlanti____.
   h En dehors de la région parisi____, les départements frança____ les plus peupl____ sont le Nord et les Bouches-du-Rhône.

C POSITION OF ADJECTIVES

le **véritable** centre   la région **parisienne**
les **grandes** villes   les côtes **atlantiques**

Most adjectives in French are placed *after* the noun. However, some frequently used adjectives, such as those below, are usually placed *in front*:

grand	**petit**
bon	**mauvais**
long	**court**
vieux	**jeune**
	nouveau

Some adjectives change in meaning depending on whether they are placed in front of or after the noun (➡ page 231).

3 Place the adjectives in the sentences, changing the endings if necessary.
   a C'est un homme   (intelligent – jeune)
   b C'est une personne   (sympathique)
   c J'ai une maison de campagne   (grand)
   d Vous connaissez la directrice?   (nouveau)
   e Ils ont fait un voyage: huit heures de train!   (long)
   f Je cherche un dictionnaire   (bilingue – bon)
   g Je pars pour une période: trois jours seulement (court)
   h J'ai un souvenir de cette période   (mauvais)

Radio Sans Frontières: Les auditeurs parlent de leur ville

Vous êtes de nouveau à l'écoute de *Cacophonie*, le magazine de Radio Sans Frontières. Cette fois, Philippe et Cécile invitent leurs auditeurs à parler de leur ville. Les deux auditeurs qui participent à l'émission viennent tous les deux du Sud-Ouest.

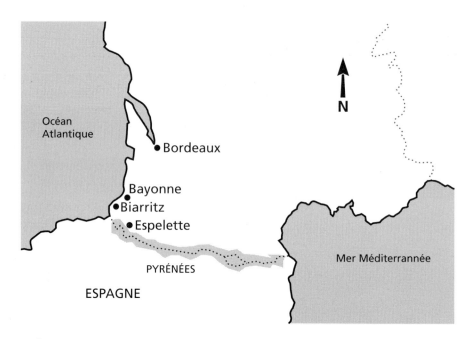

1   Écoutez l'émission une première fois et remplissez cette grille:

	Habite maintenant	Ville d'origine
Cécile	la banlieue de …	Marne-la-Vallée
Sophie		Bordeaux
Marc		

> les huîtres = *oysters*
> un IUT = un Institut Universitaire de Technologie = *technical university*

2   Réécoutez l'émission en faisant attention à ce que disent Sophie et Marc sur leurs villes:
   a Bordeaux
   Bordeaux, c'est une ~~grande~~ville univer
   Il y a beaucoup de _____ et de _____.
   Il y a la _____.
   On y mange beaucoup de _____.

b Biarritz
À Biarritz, il y a la _plage_.
Pour le _surf_ c'est excellent.
Il y a des _____ pour aller danser.
L'hiver, on va dans les Pyrénées pour faire du _ski_.

3 Qu'apprenez-vous d'autre sur les deux auditeurs?

4 Où préféreriez-vous habiter? À Bordeaux, à Biarritz ou à Espelette? Pourquoi?

PIÈCES DÉTACHÉES

Les horaires

Il est	une heure	It's	one o'clock
	une heure et quart		a quarter past one
	une heure et demie		half past one
	deux heures moins le quart		a quarter to two

(The 24-hour clock is usually used when referring to timetables.)

C'est	le matin	It's	morning
	l'après-midi		afternoon
	le soir		evening
	la nuit		night
On est	lundi	It's	Monday
	mardi		Tuesday
	mercredi		Wednesday
	jeudi		Thursday
	vendredi		Friday
	samedi		Saturday
	dimanche		Sunday

Noms
| un horaire | timetable | Le professeur rappelle l'horaire (de la classe) |
| les horaires | the times | Avez-vous les horaires des trains? |

Demander son chemin

Noms
l'accueil (m)	reception	Il demande des renseignements à l'accueil
un ascenseur	lift	L'ascenseur est au fond du couloir
une carte	map	. . . sur la carte numéro 3
un chemin	lane, way	À la sortie du chemin, tournez à droite
le couloir	the corridor	La salle 105? Elle est au fond du couloir
un plan	map, plan	Voici un plan de l'établissement
le premier étage	first floor	Au premier étage, vous avez les salles de classe
une promenade	walk	Ce texte décrit une promenade
le rez-de-chaussée	ground floor	Ici nous sommes au secrétariat au rez-de-chaussée
le secrétariat	the main office	
un sentier	path	Prenez à droite un sentier

Verbes

descendre	*to go down*	Descendez le boulevard Montparnasse
monter	*to go up*	Montez la rue de Vaugirard
prendre	*to take*	Prenez la deuxième à droite
tourner	*to turn*	Tournez à gauche
traverser	*to cross*	Traversez la rue Littré

Villes et régions 1

Noms

la banlieue	*suburbs*	la banlieue de Paris
une boîte (de nuit)	*nightclub*	Il y a plein de boîtes pour aller danser
le centre des congrès	*conference centre*	Vous êtes au centre des congrès
un camping	*camp-site*	Traversez le camping
la côte	*coast*	la côte méditerranéenne
un château	*castle*	Au château, la route se termine
un département	*(no translation)*	Il y a 95 départements
une entreprise	*firm, company*	
la frontière	*border*	la frontière espagnole
la mer	*sea*	Il y a la mer
la plage	*beach*	Il y a la plage
une région	*area, region*	Il y a 22 régions en France

Verbes

attirer	*to attract*	Le soleil du sud semble attirer les entreprises
danser	*to dance*	Il y a plein de boîtes pour aller danser
faire du ski	*to go skiing*	On va faire du ski dans les Pyrénées

Adjectifs

agricole	*agricultural*	une région agricole
culturel(le)	*cultural*	un centre culturel
économique	*economic*	une activité économique
industriel(le)	*industrial*	une région industrielle
pittoresque	*picturesque*	une région pittoresque
touristique	*tourist (adj)*	une région touristique
universitaire	*university (adj)*	une ville universitaire

BILAN

1 You telephone the Musée d'Orsay in Paris to ask if it's open in the mornings. What do you say?

2 You ask for directions to the station. The answer is too quick. You don't understand. What do you say?

3 At the station, you're looking for the left luggage office (*la consigne*). You go up to a passer-by. What do you say?

4   You're working for a conference centre. You have to explain the morning's programme (below) in French to participants. What you would say?

Tuesday 14th February			
7.00 – 9.00	Breakfast	Restaurant	1st floor
9.30 – 11.00	Opening Session	Room 25	2nd floor
11.00 – 11.30	Coffee	Room 12	Ground floor
11.30 – 12.30	Workshops	Rooms 4 and 5	Ground floor

5   Here's a plan of the Conference Centre. You're at reception. Explain to a delegate where the lift is.

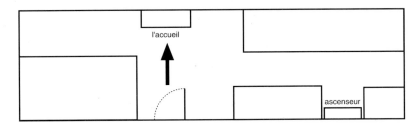

6   Rearrange the words below to form sentences. Each pair of sentences is related.
    a   Je/pas/n'ai/le temps/de/café/prendre/un
    b   rendez-vous/J'ai/à/dans/minutes/cinq/l'université
    c   cours/J'ai/tous/matins/les
    d   travaille/l'après-midi/deux heures/Je/de/six heures/jusqu'à
    e   Kate/des/progrès/en/français/fait
    f   parle/Maintenant/elle/couramment

7   Choose *c'est* or *il y a* to fill in the gaps in the following sentences:
    a   _____ beaucoup d'étudiants à Bordeaux.
    b   La principale activité économique du Sud-Ouest, _____ le tourisme.
    c   Bordeaux a une population de 700 000 habitants. _____ la ville principale du Sud-Ouest.
    d   À Bordeaux, _____ beaucoup de restaurants et de bars. _____ une ville universitaire.
    e   Bordeaux, _____ aussi un centre culturel important. _____ beaucoup de musées et de théâtres.

8   Correct the following sentences in French:
    a   Il y a 22 départements en France.
    b   Lyon est deux fois moins peuplé que Paris.
    c   Grenoble se trouve à l'ouest de la France.
    d   Strasbourg est un port important.
    e   Nantes est situé près de la frontière espagnole.
    f   Les régions agricoles se situent plutôt à l'est de la France.

9   Write three sentences describing the area where you live.

10   Write directions in French for a friend to get from the nearest station to your home.

unité 3
À LA DÉCOUVERTE DE PARIS

LA SITUATION

Kate s'amuse bien à Paris. Souvent à midi, elle retrouve Édith dans le petit restaurant *Chez Odile* à deux pas de l'école Eurolangues. Un copain d'Édith, André, qui fait lui aussi des études de droit, y vient souvent les rejoindre. Le vendredi soir, ils ont l'habitude de sortir tous les trois pour aller voir un film. Comme il y a au moins 300 cinémas à Paris, ils ont beaucoup de choix.

LIRE ET COMPRENDRE 1

Guide du cinéma

À la page suivante, vous verrez un extrait du guide que Kate, Édith et André vont consulter pour choisir un film:

1 🗨 Regardez la section *Genre des films*.
  a Quel genre de film préférez-vous?
  b Est-ce qu'il y a des genres de film que vous n'aimez pas?
  c Posez les mêmes questions à votre voisin/e.

2 Maintenant, lisez rapidement la description des films. À quel film correspond chaque phrase ci-dessous:

FILM

  a Much of the action takes place in a fast food restaurant. _____
  b The main characters are a rich jeweller and his wives. _____
  c The hero is a kind of Scottish Robin Hood. _____
  d According to this guide, it's a successful film. _____
  e It's the only thriller reviewed here. _____
  f The only good thing is the performance of one of the actors. _____
  g It spans three decades of American history. _____

3 Traduisez les expressions suivantes:
  a un personnage
  b l'action se passe à Fes
  c un film bourré d'humour
  d un réalisateur
  e doublé
  f dessin animé
  g ça craint!

4 🗨 Choisissez le film que vous aimeriez voir. Discutez-en avec d'autres étudiants.

Nouveaux films

Genre des films

A	Aventure	E	Épouvante/horreur
C	Comédie	F	Science-fiction
CD	Comédie dramatique	H	Historique
DA	Dessin animé	P	Policier

✓✓	Nous avons aimé	✓	À voir
X	Sans intérêt	XX	Ça craint!
vo	version originale		

Rob Roy   X
H A   Américain (vo)
Réalisateur: Michael Caton-Jones
Avec Tim Roth
L'unique intérêt de ce film en costumes, c'est assurément la prestation du génial Tim Roth. Il y joue un 'bâtard' sournois, d'une rare cruauté ... 'Rob Roy' est le nom d'un personnage entré dans la légende des Highlands d'Écosse. Une sorte de Robin des Bois qui a pris le parti des paysans exploités par l'aristocratie de l'époque (début XVIIIème siècle).
Gaumont Les Halles 1er: 16h, 18h. Gaumont Ambassade 8e: 19h30, 22h.

Forrest Gump   ✓✓
C   Américain (doublé)
Réalisateur: Robert Zemeckis
Avec Tom Hanks
Forrest Gump est un homme simple et pur, sans préjugé politique. À travers son regard, nous nous rendons compte de la folie et de la confusion de trois décennies d'histoire américaine.
UGC Danton 6e: 19h, 21h, 23h. Forum Horizon 1er: 20h, 22h30.

À la recherche du mari de ma femme   ✓✓
C   Marocain
Réalisateur: Mohamed Tazi
Plus de 800 000 entrées au Maroc, un grand succès pour cette comédie de mœurs sur le thème de la polygamie. L'action se passe à Fes, où un très riche bijoutier de la ville est marié à trois femmes. La plus jeune, rebelle et fraîchement émancipée, lui causera bien des soucis! Le regard porté sur la société arabo-musulmane est critique, mais chaleureux. Un film bourré d'humour ... *Ciné Beaubourg 3e: 19h. Splendid 6e: 19h45, 22h.*

Fast   ✓
CD   Français
Réalisateur: Dante Desarthe
Quand un jeune homme naïf et crédule décide de quitter son village pour la capitale, sur les traces de 'la fille aux cheveux jaunes', tout peut arriver! Une grande partie de l'intrigue se déroule dans un fast-food parisien où notre héros va connaître la métamorphose de sa vie.
Gaumont Opéra 2e: 17h, 19h45. La Pagode 7e: 22h. UGC Biarritz 8e: 18h30.

58 Minutes pour Vivre   XX
P   Américain (vo)
Réalisateur: Renny Harlin
Avec Bruce Willis
Un inspecteur de la police tente de sauver la vie des passagers de plusieurs avions que des terroristes empêchent d'atterrir sur l'aéroport de Washington.
Forum Horizon 1er: 20h30, 22h30. Odéon 6e: 19h45, 21h30. Rex 18e: 21h.

Sortir

1 On est vendredi midi; Édith, André et Kate discutent de ce qu'ils vont faire ce soir. Écoutez le dialogue une première fois et répondez aux questions suivantes.
  a Qu'est-ce qu'ils décident de faire?
  b A quelle heure est-ce qu'ils se donnent rendez-vous?
  c Comment vont-ils au cinéma?

2 Écoutez le dialogue une deuxième fois et corrigez les affirmations fausses:
  a André aime les films d'horreur.
  b Il a déjà vu *Rob Roy*.
  c *Forrest Gump* est doublé en français.
  d Mohamed Tazi est tunisien.
  e Ils vont se retrouver devant l'école.
  f André préfère le métro au bus.
  g Kate va prendre des places pour le cinéma.

3 Remettez dans le bon ordre les expressions utilisées dans le dialogue:
  a On va manger avant, non?
  b Qu'est-ce qu'on fait ce soir?
  c Je vais réserver une table au restaurant et prendre des places pour le cinéma.
  d Le film commence à quelle heure?
  e Qu'est-ce que vous aimez comme film?
  f On se retrouve où?
  g On peut y aller en bus?
  h À tout à l'heure.
  i On va au cinéma?

4 Essayez maintenant de reconstituer le dialogue. Répétez-le avec votre voisin/e.

Parler de ses préférences

Qu'est-ce que vous aimez comme film?
J'adore les films historiques
J'aime les films policiers
Je n'aime pas les films violents
Je déteste les films d'horreur
Ça dépend . . .

Rob Roy . . . **il est   excellent
sans intérêt
mauvais**

Prendre rendez-vous 1

Qu'est-ce qu'on fait ce soir?

On va   au cinéma?   **Bonne idée!**
         au restaurant?   **D'accord!**
         manger avant?

On peut aller dans le petit restaurant, rue St. André?
           y aller en bus?

Le film commence à quelle heure?
On se retrouve où?

Je vais   **réserver** une table au restaurant
        prendre des places pour le cinéma

ON VA PLUS LOIN

1 Deux amis décident de sortir. Complétez le dialogue à partir des phrases-clés ci-dessus:

    A   _____?(a)
    B On va au cinéma? Il y a un bon film au Ciné-Beaubourg qui s'appelle *Le Réseau*.
    A D'accord. _____?(b)
    B Attends . . . je vais voir . . . Il commence à 18h30.
    A _____?(c)
    B Oui, il y a un bus qui va directement au Centre Pompidou. C'est très pratique.
    A Alors _____?(d)
    B Chez moi? À six heures moins le quart?
    A D'accord. À tout à l'heure.

2 🗩 Travail à deux: Vous allez vous poser des questions sur le genre de film que vous préférez. L'un/e d'entre vous consultera la **Fiche 8A**, l'autre la **Fiche 8B**.

3 🗩 Travail à deux: Vous allez vous entraîner à prendre rendez-vous. L'un/e d'entre vous consultera la **Fiche 9A**, l'autre la **Fiche 9B**.

LA MÉCANIQUE 1

Constructions with two verbs

➡ *For overview of verbs, see p. 236*

A **'ALLER'** + **INFINITIVE**
Je vais réserver une table.
On va manger au restaurant?

You can use the verb **aller** + *infinitive* to talk about what you intend to do in the immediate future. This construction is like the English '*I'm going to do something*'.

1 Find out about plans for an evening out, as in the example below:
- restaurant *On va manger au restaurant ce soir?*

    a film *Dune*   **c** un taxi
    b danser   **d** la télévision

B 'VOULOIR' + INFINITIVE
Tu veux venir?
Vous voulez passer le test tout de suite?

You can use **vouloir** + *infinitive* to say what you want to do or invite other people to do things.

2 Invite someone you know well to:
    a come to the cinema tonight.
    b go out for a meal.
    c go to see Kate tomorrow.

3 Ask someone you don't know well if they'd like to:
    a have a coffee.
    b read the paper.
    c come tomorrow.

C 'POUVOIR' + INFINITIVE
Je peux m'asseoir?
On peut aller au restaurant?
Vous pouvez répéter s'il vous plaît?

Pouvoir + *infinitive* can be used for asking permission, making requests or suggesting possibilities.

4 Ask if you can:
    a smoke.
    b see Madame Dubreuil.
    c sit down.
    d ask a question.

5 Suggest:
    a taking the bus.
    b going to the Musée du Louvre.
    c going to the theatre.
    d working together.

D 'DEVOIR' + INFINITIVE
Je dois aller à St. Germain cet après-midi.

Devoir + *infinitive* is used for talking about what you have to do (➡ More on *devoir* in unit 5, p. 76).

6 Say that you have to:
    a go to the library this afternoon.   **d** book a table at the restaurant.
    b see Madame Challe.   **e** get some tickets for the cinema.
    c buy a coat for the winter.   **f** take the test immediately.

7 Complete the following sentences with the correct form of **pouvoir/devoir/vouloir**:

a Tu _____ répéter s'il te plaît? Je n'ai pas compris.

b Hubert _____ aller chez le médecin. Il a mal à la gorge.

c Vous _____ manger maintenant ou plus tard? Il y a deux services.

d S'ils arrivent avant 22h, vos amis _____ nous rejoindre au restaurant.

e Nous _____ passer le test maintenant. Demain, ce sera trop tard.

f Les enfants ont envie de passer toute la journée au parc. Ils ne _____ pas partir!

STRATÉGIES   *Reading: Skimming and scanning*

- When you're reading French, just as when you're listening, you don't have to understand every word to get a general idea of what is being said.
- Decide why you are reading. Is it to find specific information, or is it to understand the basic idea? How much detail do you need to understand?
- Start by **skim reading** a text, that is, looking over it quickly to get a general 'feel' for what it contains. If you're reading in order to identify specific information, **scan** the text to find that information quickly.
- Try to predict the kind of topics and themes a particular type of text will include. For example, a cinema guide is unlikely to contain information on how to learn a foreign language!
- When you're reading, you can go back over the text and look again at words you don't understand in context. Try and guess the meaning of new words before reaching for the dictionary.

La Pyramide du Louvre, construite récemment pour augmenter la surface consacrée aux expositions

LIRE ET COMPRENDRE 2

Guide des musées parisiens

With something like this guide to the museums of Paris, you obviously don't need to try and understand every word. Scan the text quickly to identify the information you require.

Centre national d'art et de culture Georges Pompidou

Ouvert lundi, mercredi, jeudi, vendredi de 12h à 22h; samedi, dimanche, jours fériés de 10h à 22h. Fermé le mardi.
Tél: 44-78-12-33.

Louvre – Musée national

Musée du Louvre, 75058 Paris cédex 01.
Tél: 40-20-51-51 et 40-20-53-17.
Ouvert tous les jours sauf le mardi de 9h à 18h, le lundi et le mercredi jusqu'à 21h45. Les espaces du Hall Napoléon sont ouverts tous les jours sauf le mardi, de 9h à 21h45. Librairie du musée ouverte à partir de 9h30, restaurant 'Le Grand Louvre', café du Louvre, sont ouverts tous les jours sauf le mardi de 12h à 21h45.

Orsay – Musée national

1, rue de Bellechasse, Paris, 7.
Tél: 40-49-48-14 et 45-49-11-11.
Ouvert de 10h à 18h. Jeudi de 10h à 21h45. Dimanche de 9h à 18h. La fermeture des salles débute à 17h30 (le jeudi à 21h15). Fermé le lundi. Groupes, renseignements: 45-49-45-46.

Picasso – Musée national

Hôtel Salé, 5, rue de Thorigny, 75003 Paris.
Tél: 42-71-25-21.
Ouvert tous les jours sauf le mardi de 9h15 à 17h15 jusqu'à 22h le mercredi. Groupes: se renseigner au 42-71-70-84. Peintures, sculptures, dessins, estampes, céramiques de Picasso.

---

1 Trouvez les réponses aux questions suivantes:

   a On est mardi. Kate veut aller au Musée du Louvre. Est-il ouvert?

   b Kate veut acheter un livre sur le Musée du Louvre. À quelle heure ouvre la librairie?

   c Quels musées sont ouverts le mercredi soir?

   d À quelle heure ouvre le Musée Picasso?

   e Édith veut aller au Centre Pompidou le matin. Quels jours peut-elle y aller?

   f Elle doit organiser une visite au Musée Picasso pour un groupe de jeunes Allemands. Quel numéro de téléphone doit-elle composer?

   g Le Musée d'Orsay ferme-t-il à six heures tous les jours?

Le Parc de la Villette

> Skim the text quickly to get a general picture of what *La Villette* is. Much of the vocabulary is similar to English, so try and guess the meaning of words you don't understand.

La Villette, c'est d'abord un Parc de près de cinquante-cinq hectares, le plus grand de Paris. Un lieu vivant où l'on pourra aussi bien jouer que s'initier à l'informatique, apprendre à jardiner ou assister à des concerts.

EPPGHV © Jan Vogtschmidt

Dix-huit hectares d'espaces verts avec les deux prairies centrales et une promenade continue de jardins spectaculaires: le jardin des miroirs, le jardin des bambous. . . .

EPPGHV © Thibaut Cuisset

La Cité de la Musique, ouverte en 1995 pour favoriser la connaissance et la pratique de la musique.

Découvrez **La Cité des Sciences et de l'Industrie**, le plus grand centre scientifique et technique existant.

EPPGHV © Claude Carrère

La médiathèque, l'un des centres de documentations les plus modernes du monde. La médiathèque est consultable même à distance par télématique. Certaines parties sont réservées aux enfants et aux chercheurs.
Explora, c'est l'ensemble des expositions permanentes et temporaires consacrées aux grands sujets scientifiques, technologiques ou industriels de notre époque.
La cité des métiers vous documente sur toutes les questions concernant l'emploi, la formation et l'orientation (ateliers, entretiens avec des specialistes).
Le cinéma Louis-Lumière offre une programmation de films à caractère scientifique, technique et industriel.
Le planétarium pouvant accueillir 300 spectateurs fera vivre l'actualité de l'astronomie et de l'astrophysique avec des images en provenance directe des observatoires du monde entier.

➡

La Géode – construction unique au monde – est la salle de spectacles de la cité des Sciences et de l'Industrie. C'est une sphère de 36 mètres de diamètre, recouverte d'acier poli comme un miroir. L'image et le son envahissent un écran hémisphérique de 1 000m².

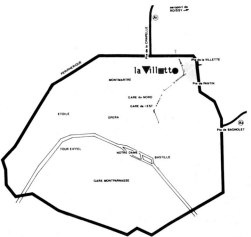

RENSEIGNEMENTS

Pour y accéder:

à 20 minutes du cœur de Paris

- Accès métro:
  - Porte de la Villette (cité des Sciences et de l'Industrie)
  - Porte de Pantin (zenith, théâtre Paris-Villette).
- Accès bus:
  - Porte de Pantin 75
  - Porte de la Villette 150, 152

---

1 Parcourez le texte et notez ce qui pourrait intéresser les personnes suivantes:
   a Simone Jacquard adore les jardins.
   b Olivier Durand cherche un emploi.
   c Jean Caron a 15 ans. Il est fasciné par l'astronomie.
   d Juliette Legrand a 17 ans. Elle est passionnée par la musique.
   e Pierre Boissard a 10 ans. Il adore les films.
   f Vous-même.

2 Trouvez les équivalents français aux expressions suivantes:
   a a walk   d training
   b an exhibition   e a hemispheric screen
   c a library   f a researcher

3 Traduisez en anglais les expressions suivantes:
   a s'initier à l'informatique
   b assister à un concert
   c dix-huit hectares d'espaces verts
   d consultable même à distance par télématique
   e le planétarium pouvant accueillir 300 spectateurs
   f … avec des images en provenance directe des observatoires du monde

4 Rédigez pour un agent de voyage britannique un résumé en anglais (de 100 mots) sur le Parc de la Villette.

1 Un étudiant français vous demande ce qu'on peut faire le soir dans votre ville. Proposez au moins quatre possibilités selon le modèle suivant: *On peut aller danser dans une boîte de nuit.*

2 Traduisez les phrases suivantes en français. Vous trouverez toutes les expressions nécessaires dans les dialogues ou les textes que vous avez travaillés.

   a I want to learn Russian.
   b My friends want to go skiing.
   c Kate doesn't want to see a dubbed film.
   d We can't go to the museum in the morning. It's closed.
   e You have to take the bus. You can't go there by metro.
   f I'm going to book a table at *L'Arlésienne*. Do you want to come?

3 **a** Parcourez l'extrait du guide des restaurants parisiens et identifiez les abbréviations encadrées.

t.l.j	jusq.
Serv.	F.dim.
Déj.	ouv.
Spéc.	sf.

ODEON-QUARTIER LATIN
ACROPOLE, 3, rue de l'École-de-Médecine, 43 26 88 90. Spéc. grecques. F. le mercredi.
ALSACE À PARIS, 9, place St-André-des-Arts. 43 26 89 36. Ouvert t.l.j. brasserie aux spécialités alsaciennes, huîtres, coquillages, poissons, grillades.
ARIACO (Brésil), 7, rue Tournefort, 45 35 04 46. Serv. toute la nuit. Dîners dansants dans une ambiance de carnaval avec orchestre brésilien. Menu spectacle 195 F.
AUBERGE ESPAGNOLE, 1, rue Mouffetard, 43 25 31 96. Déj., dîner. Ambiance chants et guitares. Spéc. paëllas, poissons frais, crustacés.
CASA PEPE, 5, rue Mouffetard, 43 54 97 33. Dîner-spectacle, ambiance chants et guitares. Spéc. espagnoles. Paëllas, zarzuela, parillada.
GUEUZE, 19, rue Soufflot, 43 54 63 00. Spécialités de cuisine à la bière. 150 sortes de bières dont 12 tirées du fût. Gril sur pierre.
INCARI, 9, rue Monsieur-le-Prince, 46 33 65 32. F. sam. midi, dim. Spec. latino-américaines, chants-guitare. Jeu., ven., sam. Menu mexicain 80 F et carte.
MACHU PICCHU, 9, rue Royer-Collard, 43 26 13 13. F. sam. midi et dim. Serv. jusq. 23h. Spéc. péruviennes. Menu 65 F (midi seulement) et carte. Midi et soir 160 F env.
PROCOPE, 13, rue de l'Ancienne-Comédie, 43 26 99 20. T.l.j. jusqu'à 2h, la plus ancienne brasserie de Paris (1686). Cuisine traditionnelle.
PIZZA VESUVIO, 33, rue des Écoles, 43 26 37 06. T.l.j. jusq. 24h. Formules à 60 et 70 F.
SALAD'CAFE, 10, rue Toullier, entre la rue Cujas et Soufflot. Ouv. t.l.j. sf dim. de 8h à 18h. Salades, poulet, plats végétariens.
YUGARAJ, 14, rue Dauphine (Pont-Neuf) 43 26 44 91. F. lun. cuisine indienne raffinée dans décor élégant.

coquillages = *shell fish*
chant = *singing*
tirées du fût = *from the barrel*

b Travail à deux: Choisissez un restaurant, puis décidez l'endroit et l'heure où vous allez vous retrouver.

Édith en ville

Comme prévu, Édith passe l'après-midi à Saint-Germain. Elle doit faire trois choses.

1 Ecoutez les trois dialogues et pour chacun, identifiez la situation:

Dialogue 1 _____   Dialogue 2 _____   Dialogue 3 _____
  a au cinéma   **d** à la gare
  b dans un magasin de sport   **e** dans un restaurant
  c dans un café   **f** dans un magasin de vêtements

Réécoutez les dialogues et faites les exercices ci-dessous.

2 Dialogue 1
  a Édith demande des places: combien?
  b À quelle heure commence le film?
  c Quel est le prix des places?
  d Édith demande les toilettes: où se trouvent-elles?

3 Dialogue 2
Vous êtes le maître d'hôtel. Notez la réservation d'Édith.

4 Dialogue 3
  a Édith achète un pull-over. Notez:
      i la couleur
      ii la taille
  b Comment est-ce qu'elle paye son pull-over?
      i par chèque **ii** en espèces **iii** par carte de crédit

5 Maintenant réécoutez les dialogues et trouvez les équivalents en français des phrases ci-dessous:
  a Are there any reductions for students?
  b Excuse me, are there any toilets here?
  c I'd like to book a table for this evening.
  d Would you like a table next to the window?
  e I'm looking for a pullover . . . it's to go with this skirt.
  f Are there any other colours?
  g Can I try them on?
  h I'll take the navy one.

PHRASES-CLÉS 2

Réserver

Trois places pour *À la recherche du mari de ma femme*
Il y a un tarif étudiant?

Je voudrais réserver une table pour trois personnes
C'est pour ce soir   **Vers quelle heure?**
Vers 19 heures   **Et votre nom s'il vous plaît?**

Acheter

Je cherche un pull bleu marine

C'est pour   aller avec cette jupe
             l'hiver

En quelle taille?		En 40
Vous faites quelle	taille?	Du 40
	pointure? *(for shoes)*	

French and UK sizes:

Women's clothes:	UK	10	12	14	16				
	French	36	38	42	44				
Men's clothes:	UK	32	34	36	38				
	French	42	44	46	48				
Shoes:	UK	5	6	7	8	9	10	11	12
	French	38	39	40	41/2	43	44	45	46

Vous le voulez en laine?
coton?
synthétique?

Il y a d'autres couleurs?
Je peux les essayer?
Je vais prendre le bleu marine

Vous payez comment?   Par carte de crédit
chèque
En espèces

ON VA PLUS LOIN

1 Choisissez des phrases encadrées pour compléter ce dialogue dans un magasin de chaussures:

i Vous acceptez la carte Eurocarte?
ii Du quarante.
iii J'aime beaucoup ces noires-là ... Je peux les essayer?
iv Oui, elles sont très confortables. Je vais les prendre.
v Je cherche une paire de chaussures assez élégantes mais confortables pour mon travail.

VENDEUR Bonjour Madame.
CLIENTE Bonjour Monsieur. _____(a)
VENDEUR Vous faites quelle pointure?
CLIENTE _____(b)
VENDEUR Alors, voici les chaussures en quarante. Vous avez différents styles ...
CLIENTE _____(c)
VENDEUR Mais oui, bien sûr. Alors, ça va?
CLIENTE _____(d)
VENDEUR Merci Madame. Vous payez comment?
CLIENTE _____(e)
VENDEUR Mais bien sûr Madame. Si vous voulez bien signer.
Voici vos chaussures et votre ticket de caisse. Au revoir

2 Vous téléphonez à un restaurant grec pour réserver une table pour cinq personnes. Complétez le dialogue:

EMPLOYÉ	Allô. Restaurant l'Acropole. Bonjour.
VOUS	_____(a)
EMPLOYÉ	C'est pour ce soir?
VOUS	_____(b)
EMPLOYÉ	D'accord . . . et votre nom s'il vous plaît?
VOUS	_____(c)
EMPLOYÉ	Et votre numéro de téléphone?
VOUS	_____(d)
EMPLOYÉ	Merci beaucoup. Au revoir.

3 🗩 Travail à deux: Vous allez vous entraîner à réserver une table dans un restaurant. L'un/e d'entre vous consultera la **Fiche 10A**, l'autre la **Fiche 10B**.

LA MÉCANIQUE **2**

Prepositions

Prepositions are the 'little' words such as '*to, in, on, of*'. Prepositions are often used differently in French and English, so it makes sense to remember the kinds of phrases associated with each preposition. The key prepositions in French are **à**, **en**, **de** and **dans**.

A À

Distances, times	*Locations*	*Directions*	
C'est **à** 20 minutes de Paris	Je suis née **à** Paris	**au** nord	**au** sud
Vous commencez **à** 9h30	**au** collège	**à** l'est	**à** l'ouest
	au deuxième étage	**à** droite	**à** gauche

B EN

Languages	*Material*	*Transport*
un film doublé **en** français	un pull **en** laine	On peut y aller **en** bus

Division	*Location*	*Time*
La France est divisée **en** 22 régions	Je vais **en** ville	Je fais un trajet **en** un jour
		En juillet je pars **à** Paris

Countries		
Feminine countries (ending in **e**)	**en**	Je vais **en** France
Masculine countries (not ending in **e**)	**au** (à + le)	Je vais **au** Canada
Plural countries	**aux** (à + les)	Je vais **aux** Etats-Unis

C DE

Measurements	Figures	Origin
une sphère **de** 36 mètres **de** diamètre	La population est **de** 9 millions	Je suis **de** Brighton

Content	Noun + de + noun
une bouteille **de** vin blanc	un exercice **de** grammaire

D DANS

Location	Time
Il faut aller **dans** le pays	J'ai un test **dans** trois jours
On fait du ski **dans** les Pyrénées	

1 In the following texts, three people describe their plans. Complete the gaps with the correct preposition:

a Ce matin, je vais _____ (i) la bibliothèque. Après je vais retrouver mes amis _____ (ii) un café _____ (iii) 5 minutes de la bibliothèque. Ensuite, nous allons faire une petite excursion _____ (iv) voiture _____ (v) Giverney _____ (vi) l'ouest de Paris où se trouve le jardin du peintre, Claude Monet.

b Ce matin, je vais _____ (i) ville. Je vais acheter une veste _____ (ii) cuir et un pantalon _____ (iii) laine. Je vais les acheter _____ (iv) marché de la rue Mouffetard. L'après-midi, je dois assister à un cours _____ (v) linguistique _____ (vi) la Sorbonne. Le cours a lieu dans un immense amphithéâtre _____ (vii) 650 places, qui mesure à peu près 35 mètres _____ (viii) long et 25 mètres _____ (ix) large.

c Ce matin, je prends le train jusqu'_____ (i) Genève _____ (ii) Suisse. Genève est _____ (iii) 526 kilomètres _____ (iv) sud-est de Paris. C'est une grande ville internationale avec une population _____ (v) 170 000 habitants. C'est très vivant! Ensuite je vais passer quelques jours _____ (vi) les Alpes.

E OTHER PREPOSITIONS OF PLACE

You've already come across the following prepositions of place:

devant

derrière

en face de

à côté de

au fond de

au coin de

There's a chance to practise using some of them in the next exercise.

📻 *Radio Sans Frontières: Un quartier de Paris*

Cécile et Philippe vont vous faire découvrir le 5ème arrondissement de Paris – un quartier très animé où se trouvent beaucoup d'écoles et d'universités. Cécile se trouve au marché de la rue Mouffetard.

1 Avant d'écouter l'émission, regardez le plan et puis choisissez la meilleure réponse aux questions suivantes:

a Où se trouve l'Université Pierre et Marie Curie?
i près de la Seine **ii** à côté de la Place Monge **iii** en face de l'Institut d'Agronomie

b Où se trouve la Place de la Contrescarpe?
i dans la rue Mouffetard **ii** en face de l'École Polytechnique **iii** près du Jardin des Plantes

c Où se trouve la station de métro Censier-Daubenton?
i derrière la Sorbonne **ii** au coin de la rue Censier et de la rue Monge **iii** à côté d'une bibliothèque

d Où se trouve la Sorbonne?
i près de la Place de la Contrescarpe **ii** à côté de la mairie **iii** en face du lycée Louis le Grand

e Où se trouve l'université de Paris III?
i près du métro Censier-Daubenton **ii** devant la Gare d'Austerlitz **iii** en face de la mosquée

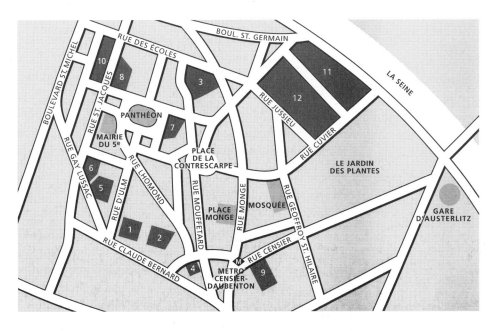

1. École Normale Supérieure
2. École de Physique et Chimie
3. École Polytechnique
4. Institut d'Agronomie
5. École Nationale de Chimie
6. Institut d'Océanographie
7. Lycée Henri IV
8. Lycée Louis le Grand
9. Université de Paris III La Sorbonne Nouvelle
10. Université de Paris IV La Sorbonne
11. Université de Paris VI Pierre et Marie Curie
12. Université de Paris VII Jussieu

2 En écoutant l'émission, vous allez entendre trois personnes parler de ce quartier. Pour chaque témoin, notez ce qu'il/elle fait dans la vie.

Témoin 1:

Témoin 2:

Témoin 3:

> les commerçants = *the shopkeepers*
> boire l'apéro = *boire l'apéritif*
> flâner = *to stroll*
> les ménagères = *housewives*
> DEUG = Diplôme d'Études Universitaires Générales = *2-year university course*

3 Écoutez l'émission encore une fois. Choisissez la bonne réponse pour compléter les phrases suivantes.

a Monsieur Guillaume travaille dans le quartier
    i depuis 5 ans.
    ii depuis 15 ans.
    iii depuis 20 ans.

b Monsieur Guillaume parle des gens qu'il voit dans le quartier. De qui s'agit-il? (Plusieurs réponses sont possibles.)
    i des commerçants   **iii** des ménagères   **v** des étudiants
    ii des secrétaires   **iv** des employés de banque

c Pour Monsieur Guillaume, c'est un quartier
    i très romantique.
    ii très touristique.
    iii très sympathique.

d Philippe se trouve
    i dans la rue Monge.
    ii à la place de la Contrescarpe.
    iii à l'intérieur d'un café rue Mouffetard.

e La première personne interviewée
    i habite au nord de Paris.
    ii habite dans le quartier.
    iii n'habite pas Paris.

f Elle prend son petit déjeuner au café parce que
    i sa chambre est petite.
    ii son copain travaille au café.
    iii elle attend quelqu'un.

g La serveuse
    i travaille toute la journée.
    ii travaille jusqu'à deux heures de l'après-midi.
    iii travaille seulement deux jours par semaine.

h Elle vient de
  i Paris.
  ii Marseille.
  iii Nantes. ✔

i Elle dit que ce quartier de Paris est
  i très calme.
  ii très pittoresque.
  iii très vivant.

4 Imaginez qu'un journaliste vous pose les questions suivantes sur votre quartier. Qu'allez-vous répondre?
  a Vous habitez dans ce quartier depuis longtemps?
  b Vous aimez ce quartier?
  c Qu'est-ce qu'il y a à voir et à faire dans ce quartier?

PIÈCES DÉTACHÉES   ## Le cinéma

Noms

l'action (*f*)	*action, story*	L'action se passe à Fes
une comédie	*comedy*	
un dessin animé	*cartoon*	
un film d'aventure	*adventure film*	
d'horreur	*horror film*	
policier	*thriller*	
comique	*comic film*	
l'intrigue (*f*)	*plot*	L'intrigue se déroule dans un fast-food
un personnage	*character*	Rob Roy est le nom d'un personnage
un réalisateur	*director*	Le réalisateur, c'est Mohamed Tazi

Verbes

se dérouler	*to take place*	L'intrigue se déroule dans un fast-food
se passer	*to happen*	L'action se passe à Fes

Adjectif

doublé(e)	*dubbed*	Voir un film américain doublé en français

Acheter des vêtements

Noms

des chaussures (*f*)	*shoes*	Je cherche une paire de chaussures
une chemise	*shirt*	
une jupe	*skirt*	
un manteau	*coat*	
un pantalon	*pair of trousers*	
un pull(-over)	*pullover, sweater*	
une veste	*jacket*	
la pointure	*size (of shoes)*	Vous faites quelle pointure?
la taille	*size (of clothes)*	En quelle taille?

Verbes

essayer	*to try on*	Je peux les essayer?
payer	*to pay for something*	Vous payez comment?
vendre	*to sell*	Ils vendent des livres, des vêtements

Villes et régions 2

Noms

l'ambiance (*f*)	*atmosphere*	L'ambiance du quartier vous plaît?
une épicerie	*grocer's shop*	Vous tenez une épicerie
un espace vert	*green space, park*	dix-huit hectares d'espaces verts
une exposition	*exhibition*	André va voir une exposition
un jardin	*garden*	À la Villette, il y a beaucoup de jardins
une librairie	*bookshop*	La librairie du musée est ouverte
un marché	*market*	. . . au marché
un quartier	*area*	C'est un quartier très sympathique

Verbes

| accueillir | *to welcome, accommodate* | Le planétarium accueille 300 spectateurs |
| assister à | *to attend* | . . . assister à des concerts |

BILAN

1 Write down six sentences about things you like and dislike. Use each of the following verbs at least once: *aimer, adorer, détester.*

2 Briefly describe a film you've seen recently. Say what kind of film it is, where the action takes place and say briefly whether it is good, bad or indifferent.

3 A French friend suggests you go out for a meal tomorrow evening. You ask him/her where and when you're going to meet. Write out the dialogue.

4 Write down four sentences about things you're going to do next week (*la semaine prochaine*).

5 You want to invite a French friend to go and see the film *Le Colonel Chabert* at the Odeon at 7.30 pm. Your friend is not in. Write a message inviting him to the film and saying you will meet him at 7.00 pm in the pub opposite the cinema.

6 You're shopping in France, looking for a cotton pullover. You can only see woollen ones. What would you ask the shop assistant?

7 If the shop assistant then asked you 'Vous faites quelle taille?', what would you reply?

8 You decide to go and visit the Musée Picasso in Paris. How would you ask
   a if there is a student reduction?
   b what time the museum closes on Wednesday?
   c where the nearest métro station is (*la station de métro la plus proche*)?

9 In this short text, a French teacher is talking about her forthcoming travels. Fill the blanks in the text with the correct prepositions:
   La semaine prochaine je pars _____(a) Italie. Je vais d'abord _____(b) Rome et puis je vais passer quelques jours _____(c) la région des lacs. Après, je dois aller _____(d) Etats-Unis pour un colloque. Le colloque a lieu _____(e) un

centre de congrès qui se trouve _____(f) 40 kilomètres _____(g) New York. À la fin du colloque, je reviens _____(h) France et je passerai quelques jours _____(i) lit pour me remettre du voyage.

10   Complete the gaps in the following dialogue:
   – Allô? Restaurant Cap Breton.
     _____(a)
   – Alors . . . le lundi 6 janvier . . . À quelle heure Madame?
     _____(b)
   – D'accord . . . Et pour combien de personnes?
     _____(c)
   – Donc, une table pour quatre personnes pour le lundi 6 février à 19h. C'est noté.
     _____(d)
   – Au revoir, Madame.

unité 4 AU TÉLÉPHONE

LA SITUATION

Pendant son séjour à Paris, Kate a téléphoné plusieurs fois à Hubert Lancien, le jeune français qu'elle a rencontré dans le train.

Hubert l'a aidée à réserver une chambre dans une résidence universitaire à Reims. Comme la rentrée universitaire s'approche, Kate doit quitter Paris et va passer son premier week-end à Reims chez Hubert.

ÉCOUTER ET COMPRENDRE 1

Kate téléphone à Hubert

1 Avant d'écouter le dialogue, étudiez les phrases suivantes. Cochez celles, qu'à votre avis, vous allez entendre dans ce dialogue:

  a Est-que je pourrais parler à Hubert Lancien s'il vous plaît?
  b On va manger au restaurant?
  c Je suis désolé – il n'est pas là pour l'instant.
  d Vous voulez lui laisser un message?
  e Je fais des études d'informatique.
  f Il connaît votre numéro?
  g Je lui dirai de vous téléphoner ce soir.
  h On peut prendre le bus?

2 Maintenant écoutez une première fois le dialogue et vérifiez vos réponses.

3 Écoutez encore une fois et corrigez les affirmations fausses:

  a Hubert n'est pas là.
  b Kate compte arriver à Reims samedi.
  c Hubert rentrera demain soir.
  d Le numéro de téléphone de Kate est le 47-08-43-55.
  e Hubert va rappeler Kate.

4 Reconstituez les phrases essentielles du dialogue en faisant correspondre les deux parties des phrases:

  a Est-ce que je pourrais parler   **i** ça s'écrit?
  b Je vais voir   **ii** à quelle heure il va rentrer?
  c Je suis désolé . . .   **iii** de vous rappeler?
  d Vous voulez   **iv** à Hubert Lancien s'il vous plaît?
  e Mon nom est   **v** s'il est là.

f Comment
g Je téléphone pour
h Savez-vous
i Je lui dirai
j Il connaît

vi Kate Cranfield.
vii votre numéro?
viii il n'est pas là pour l'instant.
ix confirmer mon arrivée à Reims.
x lui laisser un message?

PHRASES-CLÉS 1

Au téléphone 1

Est-ce que je pourrais parler à Hubert **s'il vous plaît?**

**Je suis désolé . . . il n'est pas là pour l'instant.
Voulez-vous lui laisser un message?**

Je téléphone pour confirmer mon arrivée à Reims.

**Je lui dirai de vous rappeler?
Il connaît votre numéro de téléphone?**

C'est le 47-08-43-55.

ON VA PLUS LOIN

1 Dites les numéros de téléphone suivants:
   a 01473–794729   b 01345–639658   c 0171–896 6734

2 Remettez les phrases suivantes dans le bon ordre pour reconstituer la conversation téléphonique entre la standardiste et un client de la société Dumartin.
   STANDARD **Allô Société Dumartin . . . bonjour.**
   a Je suis désolée, Monsieur, mais Madame Collard n'est pas là pour l'instant.
   b Est-ce que je pourrais parler à Madame Sylvette Collard, s'il vous plaît?
   c Oui . . . Je m'appelle André Lemaire. Je téléphone pour confirmer notre réunion demain.
   d Savez-vous à quelle heure elle rentrera?
   e Vers quatre heures, je crois . . . Voulez-vous lui laisser un message?
   f D'accord . . . je lui dirai.
   g Merci Madame. Au revoir.
   STANDARD **Au revoir, Monsieur.**

3 Vous téléphonez à un ami, Claude Lochard, mais il n'est pas là. Complétez ce dialogue.
   VOUS   Allô, _____(a)
   SECRÉTAIRE Je suis désolé(e), mais il n'est pas là pour l'instant.
   VOUS   Savez-vous _____?(b)
   SECRÉTAIRE Vers cinq heures je crois. Je lui dirai de vous rappeler?
   VOUS   _____(c)
   SECRÉTAIRE D'accord . . . Quel est votre nom, s'il vous plaît?

Vous	_____(d)
Secrétaire	Est-ce qu'il connaît votre numéro?
Vous	_____(e) 58-91-23-40.
Secrétaire	Très bien. Je lui dirai de vous rappeler dès son retour.
Vous	Merci . . . au revoir.
Secrétaire	Au revoir.

4 🗨 Travail à deux: Exercez-vous à dire et à comprendre les numéros de téléphone. L'un/e d'entre vous suivra la **Fiche 11A**, l'autre la **Fiche 11B**.

LA MÉCANIQUE 1   *Object pronouns*   ➡ *for an overview, p. 233*

A WHAT ARE OBJECT PRONOUNS?

Est-ce que je pourrais parler à Hubert Lancien s'il vous plaît?
Il n'est pas là pour l'instant. Vous voulez **lui** laisser un message?

Il connaît votre numéro?
Je vais vous **le** donner

Lui and **le** in the examples above are **object pronouns**. They allow you to refer to 'objects' that have already been mentioned. Objects are the things or people which are 'affected' by a verb, so **le** (*le numéro*) is one of the objects of the verb *donner*, while **lui** (*à Hubert*) is one of the objects of the verb *laisser*. But why use **lui** in one case and **le** in another?

1 Look at the following sets of sentences. What is the difference between the use of **le** and **lui**?
   a Est-ce que vous allez retrouver **Hubert** ce soir?
      Non, je vais **le** retrouver demain.
   b Est-ce que vous allez voir **le film** ce soir?
      Non, je vais **le** voir demain.
   c Est-ce que vous allez téléphoner **à Kate** ce soir?
      Non, je vais **lui** téléphoner demain.
   d Est-ce que vous allez parler **à Loïc** ce soir?
      Non, je vais **lui** parler demain.

2 **Lui** and **le** are not the only object pronouns. In the pairs of sentences below, underline all object pronouns. For each one, identify the noun phrase it refers to, as in the example:

   • Est-ce que vous connaissez Jeanne Moreau?
      Non, je ne <u>la</u> connais pas. (*Jeanne Moreau*)
   a Où avez-vous acheté vos chaussures?
      Je les ai achetées à Paris.
   b Quand est-ce que vous allez voir vos parents?
      Je vais les voir à Pâques.
   c Avez-vous téléphoné à vos amis français?
      Non, je vais leur téléphoner demain.
   d Vous allez vendre votre voiture?
      Oui je vais la vendre après Noël.

B DIRECT AND INDIRECT OBJECT PRONOUNS

We can group object pronouns into **direct** and **indirect** categories. **Le**, **la** and **les** replace direct objects where there is no preposition (*à* or *de*) between the verb and the object.

Lui and **leur** replace indirect objects referring to people, preceded by à. Communication verbs typically take indirect objects: *parler à quelqu'un, téléphoner à quelqu'un, écrire à quelqu'un, demander à quelqu'un*. All object pronouns are *placed directly in front of the verb* they are linked to.

3 Answer the following questions using **le**, **la**, **les**, **leur**, as in the example
 • Est-ce que vous allez téléphoner à la directrice ce soir?
   *Non, je vais **lui** téléphoner demain.*
 a Est-ce que vous allez réserver votre billet d'avion (*m*) tout de suite? (la semaine prochaine)
 b Est-ce que vous allez vendre votre voiture (*f*) cette année? (l'année prochaine)
 c Vous allez écrire ce soir à vos parents? (demain)
 d Vous allez téléphoner à Monsieur Collard ce matin? (ce soir)
 e Vous allez acheter ces chaussures maintenant? (samedi)

STRATÉGIES   *Coping with telephone calls*

Using the phone in a foreign language can be very daunting, yet it's one of the most useful skills you can develop.

• Be prepared! Make some notes beforehand of what you want to say and rehearse. Make sure you can spell your name and give your address fluently if you intend to book anything over the phone.

• Concentrate on listening for key information. Always repeat numbers and important information to check you've understood correctly.
• Anticipate what the other person might say to you.
• Don't be afraid to say you haven't understood and ask for repetition.

ÉCOUTER ET
COMPRENDRE 2

🔊 *Faire une réservation par téléphone*

1 Dans la conversation suivante, une touriste anglaise veut réserver une chambre d'hôtel par téléphone. Elle a quelques difficultés à comprendre le français. Ecoutez le dialogue et complétez les notes ci-dessous. Les notes à gauche sont pour l'hôtel; les notes à droite pour la touriste.

A

FICHE de Réservation

Personne(s) . . . . . .
Chambre(s) . . . . . .
à 1 lit/à 2 lits
avec lavabo/douche/salle
de bains
Dates du . . . . . . au . . . . . .
Nuit(s) . . . . . .
Voiture OUI/NON

B

L'hôtel du Lac

What's the price?
All inclusive?

Do they have a car park?
Do we have to send a deposit?

2 Réécoutez le dialogue, cette fois pour noter les expressions exactes utilisées par la touriste anglaise.

    a Je voudrais réserver une chambre dans votre hôtel.
       Vous comptez arriver quel jour?

      _____

    b 460F par personne?
       Non, 450F pour la chambre, plus supplément petit déjeuner.

      _____

    c OK, nous avons une voiture . . . il y a un . . . car park?
       Comment?

      _____

       Euh, vous voulez dire un parking?

    d *Il faudrait aussi m'envoyer un acompte . . . pour une nuit au moins.*

      _____

PHRASES-CLÉS 2

Au téléphone 2: Mieux communiquer

Si vous ne comprenez pas, vous dites:
> **Pardon, je ne comprends pas ... Vous pouvez répéter, s'il vous plaît?**

Si vous ne comprenez pas un mot, vous pouvez demander:
> Un acompte, **qu'est-ce que c'est?**

Si vous ne connaissez pas le mot en français, vous pouvez expliquer:
> Un car park ... **pour la voiture.**

Si vous voulez vérifier que vous avez bien compris, vous répétez l'information:
> Vous envoyez un chèque international de 450 francs comme acompte et vous me confirmez vos dates par écrit
>
> **450 francs et confirmer par écrit ... OK**

ON VA PLUS LOIN

1 Vous vous trouvez dans un hôtel français. Le téléphone sonne. C'est la réceptionniste. Que faut-il répondre dans les situations suivantes?

  a Allô? Ici la réception. Vous avez laissé votre pardessus dans le bar. Voulez-vous qu'on vous le monte dans votre chambre?
    (You don't understand. Ask her to repeat).

  b Allô? Ici la réception. Ce soir nous avons un dîner aux chandelles dans le restaurant. Voulez-vous réserver une table?
    (You don't understand what 'dîner aux chandelles' means. Ask her to explain).

  c Allô? Ici la réception. J'ai un message pour vous. Madame le Goffic de la société Savalex a téléphoné. Elle va rappeler.
    (Ask her to spell out the name).

LIRE ET COMPRENDRE 1 *Guide des hôtels*

HÉBERGEMENTS

HÔTELS	Téléphone Fax	Nombre de Chambres	Prix indicatif chambre double 2 pers.	Petit déjeuner	Divers
CHÂTEAU DE BRINDOS ** Route de l'Aviation Télex : 541 428	✆ 59 23 17 68 Fax : 59 23 48 47	14	1100/1550 F.	85 F.	
HÔTEL DE CHIBERTA et du GOLF "LA RÉSIDENCE" * 104, Boulevard des Plages Télex : 573 412	✆ 59 52 15 16 Fax : 59 52 11 23	50	290/790 F.	56 F.	restaurant le soir uniquement.
HÔTEL RESTAURANT DE CHIBERTA et DU GOLF * 104, Boulevard des Plages	✆ 59 63 95 56 Fax : 59 63 57 84	54	300/890 F.	55 F.	
NOVOTEL * 68, Avenue d'Espagne Télex : 572 127	✆ 59 58 50 50 Fax : 59 03 33 55	121	420/520 F.	52 F.	
IBIS ** 64, Avenue d'Espagne Télex : 560 121 F	✆ 59 03 45 45 Fax : 59 03 27 97	83	150/180 F.	25 F.	
LE JORLIS ** Z.I de Jorlis	✆ 59 52 21 52 Fax : 59 52 10 05	17	230/280 F.	30 F.	
LE PARC * 57, Avenue de la Chambre d'Amour	✆ 59 03 82 61	22	135/190 F.	25 F.	
EUSKALDUNA * 96, Avenue de Biarritz	✆ 59 41 21 58	12	150/200 F.	20 F.	

1 Dans ce genre de guide, les services offerts aux clients sont souvent indiqués sous forme d'icône. Avant de le consulter, reliez chaque icône à l'explication qui lui correspond:

a chiens admis
b restaurants
c salles de séminaires
d tennis
e piscine

f ascenseurs
g jardins
h golf
i accès aux handicapés
j parking

2 Maintenant regardez le guide et trouvez l'hôtel qui convient le mieux aux clients suivants:

a Monsieur et Madame Frique cherchent le confort et le calme. Monsieur Frique aime bien le golf, tandis que Madame Frique préfère la natation. Ils ont une voiture et un chien et ils n'ont pas de problème d'argent.

b Monsieur Alain Jeuneloup est Directeur Commercial dans une société informatique. Il organise un séminaire pour ses commerciaux, c'est-à-dire une équipe de 10 personnes. Il a un budget de 650F par personne.

c Mademoiselle Karen Saunders est britannique et elle fait des études à l'université de Bordeaux. Elle se rend à Anglet pour le weekend. Elle prend sa voiture (une vieille Renault 5!) et cherche un hôtel bon marché avec un restaurant.

LIRE ET COMPRENDRE 2

Lettre de réservation

➡ *For more on writing letters, See unit 9, pp. 161–6*

1 En vous basant sur le modèle de la lettre ci-dessous, écrivez la lettre de réservation de Mlle Saunders. Elle arrivera le 18 juin et repartira le dimanche 20 juin. Elle désire une chambre avec douche et veut réserver une place dans le parking.

---

10 Ventnor Road
WINCHESTER
SO23 5JF

> **Hôtel Ibis**
> **33, Avenue d'Espagne**
> **ANGLET 64600**
>
> *Winchester, le 15 mai, 1996*

Monsieur,
Je voudrais réserver, pour la semaine du 8 au 15 septembre, deux chambres dans votre hôtel: une chambre avec salle de bains pour mon mari et moi et une chambre à deux lits avec douche pour mes deux enfants. Nous préférerions, si possible, des chambres avec terrasse donnant sur le lac.

Comme nous arriverons en voiture je voudrais également réserver une place dans le parking de l'hôtel.

Je vous serais reconnaissante de bien vouloir m'indiquer vos prix et de me confirmer la réservation dès que possible.

En vous remerciant d'avance, je vous prie de croire, Monsieur, à l'expression de mes salutations distinguées.

Elisabeth James

RÉVISION

1 Supprimez les répétitions dans les messages suivants à l'aide des pronoms **le**, **la**, **les**, **lui** et **leur**:

Hubert

Ta copine anglaise Kate Cranfield a téléphoné. Il faut rappeler Kate ce soir. J'ai dit à Kate que tu rentrerais vers 8 heures.

Dominique

Dominique

Je ne serai pas là ce soir. Peux-tu téléphoner à Kate et dire à Kate que je viendrai chercher Kate à la gare dimanche?

Autre chose, as-tu vu mon gros dictionnaire anglais? Si oui, peux-tu remettre mon gros dictionnaire anglais dans ma chambre? J'ai une traduction à faire ce soir . . . Merci.

Hubert

Hubert

Corinne a téléphoné. N'oublie pas que tu dois aller voir ses parents demain pour parler à ses parents des vacances de Noël.

  À propos de ton dictionnaire, tu trouveras ton dictionnaire sur ton bureau.

Dominique

Dominique

Je dois absolument contacter Corinne. Je n'arrive pas à avoir Corinne au téléphone. Est-ce que tu vas voir Corinne ce soir? Peux-tu dire à Corinne de me téléphoner dès que possible?

Hubert

---

2 🗨 Travail à deux: Vous allez participer à un jeu de rôles entre un/e touriste qui veut réserver une chambre et l'employé/e de l'hôtel. Pour le rôle du/de la touriste, consultez la **Fiche 12A**. Pour le rôle de l'employé/e, consultez la **Fiche 12B**.

ÉCOUTER ET COMPRENDRE 3

💾 *Hubert rappelle . . .*

1 Le téléphone sonne . . . Kate répond. C'est Hubert. Avant d'écouter le dialogue complétez les premières répliques de leur conversation en vous aidant des expressions à droite:

KATE	Hello?	
HUBERT	Allô? _____ (a)	C'est toi, Kate?
KATE	Oui . . . tiens . . . _____ (b) Hubert.	Très bien.
HUBERT	Bonjour. _____ (c)	Ça va.
KATE	_____ (d) et toi?	Bonjour
		Comment ça va?
HUBERT	_____ (e) J'ai beaucoup de travail, mais ça va . . .	

2 🗣 Pratiquez ce petit échange avec au moins deux autres étudiants. Vous pouvez varier votre dernière réponse.

3 Kate et Hubert vont se retrouver à Reims. Écoutez la première section du dialogue et notez les informations essentielles:
  a Le train de Kate quitte Paris à _____
  b Il arrive à Reims à _____
  c Hubert sera à la gare à _____
  d Kate et Hubert vont se retrouver au _____

---
le CROUS = le Centre Régional des Œuvres Universitaires = *student services*
---

4 Écoutez maintenant la deuxième partie du dialogue où Hubert explique à Kate la situation concernant sa chambre en cité universitaire. Voici les notes que Kate a prises. Il y a des erreurs. Corrigez-les.

> Phone Mme Debrouille??? of the Crous
> about room in halls of residence
> Tel. 26-55-50-66

5 Relevez les équivalents en français des phrases ci-dessous:
  a So you're coming to Reims on Sunday?
  b What time are you arriving?
  c I'll come and get you at the station.
  d Have you got a pen?
  e How do you spell that?
  f I'm going to phone her tomorrow.

6 Maintenant réécoutez le dialogue pour vérifier vos réponses.

PHRASES-CLÉS 3

Prendre rendez-vous 2

Vous arrivez à quelle heure?

Je viendrai vous chercher à la gare.

Je serai là vers sept heures.

Il y a un bar. **Vous m'attendrez** là-bas?

ON VA PLUS LOIN

1 Remplissez les blancs ci-dessous avec les expressions du dialogue. Attention, vous devez utiliser la forme 'tu':

ALINE	Allô?
SYLVIE	Bonjour Aline. C'est Sylvie.
ALINE	Tiens, bonjour Sylvie. _____(a)
SYLVIE	Très bien, et toi?
ALINE	_____(b), mais ça va.
SYLVIE	Oui, moi aussi j'ai beaucoup de travail. Écoute, je te téléphone pour confirmer mon arrivée à Paris mardi.
ALINE	_____(c)

SYLVIE C'est le train de 13 heures . . . donc _____(d) vers 17 heures
ALINE   OK, _____(e)
SYLVIE C'est bien gentil.
ALINE   Je serai un petit peu en retard. _____(f) vers cinq heures et quart. _____(g) devant la gare?
SYLVIE D'accord . . . devant la gare.
ALINE   Très bien. Alors à mardi . . . et bon voyage.
SYLVIE Merci. Au revoir.

2 🗩 Travail à deux. Faites un jeu de rôle entre un/e Français/e et son ami/e britannique qui téléphone pour confirmer son arrivée. L'un/e d'entre vous consultera la **Fiche 13A**, l'autre la **Fiche 13B**.

LA MÉCANIQUE 2 *The future tense*   ➡ *For overview of tenses, see p. 236*

To talk about the future, you can use three different constructions. The differences between one form and another are fairly subtle:

A **J'arrive** dimanche   **present tense** (definite fact)

B **Je vais** vous **donner** son numéro de téléphone   *aller* + **infinitive**
  Savez-vous à quelle heure il **va rentrer**?   (statement of intention)

C Je **viendrai** te chercher à la gare.   **future tense**
  Je **serai** là vers sept heures moins le quart.   (announcement of
  Tu m'**attendras** au bar?   future plans)

	travailler	finir	vendre
Je	travailler – **ai**	finir – **ai**	vendr – **ai**
Tu	travailler – **as**	finir – **as**	vendr – **as**
Il/Elle/On	travailler – **a**	finir – **a**	vendr – **a**
Nous	travailler – **ons**	finir – **ons**	vendr – **ons**
Vous	travailler – **ez**	finir – **ez**	vendr – **ez**
Ils/Elles	travailler – **ont**	finir – **ont**	vendr – **ont**

Some irregular verbs

aller	ir-	j'irai	pouvoir	pourr-	je pourrai
avoir	au-	j'aurai	venir	viendr-	je viendrai
être	ser-	je serai	voir	verr-	je verrai
faire	fer-	je ferai	vouloir	voudr-	je voudrai

1 Hubert is explaining his arrangements for Sunday. Put all the verbs into the future tense:

a À midi, je (**aller**) voir ma mère.
b Je (**rentrer**) vers trois heures.
c Ensuite je (**préparer**) le travail pour demain.
d Je (**partir**) pour aller voir Corinne juste avant six heures.
e Je (**quitter**) sa maison à sept heures moins vingt.
f Je (**aller**) directement à la gare pour chercher Kate et Édith.

    g Nous (**prendre**) un pot à la gare.
    h Nous (**rentrer**) vers huit heures.
    i Nous (**aller**) manger en ville.

2 Complete the following sentences using verbs in the future tense:
    a Quand j'aurai terminé mes études, je . . .
    b Quand j'aurai cinquante ans, je . . .
    c L'année prochaine, je . . .

ÉCOUTER ET COMPRENDRE 4

📼 *Radio Sans Frontières: Les échanges européens*

Vous allez passer quelques instants sur Radio Sans Fontières à l'écoute de *Cacophonie*, émission animée par Philippe et Cécile. Aujourd'hui c'est la journée *Échanges Européens* pour fêter le 10ème anniversaire d'ERASMUS. Philippe et Cécile invitent leurs auditeurs à parler en direct.

1 Choisissez la bonne réponse:
    a ERASMUS, c'est
        i une fête religieuse
        ii un philosophe hollandais
        iii un programme qui permet des échanges européens
    b Le numéro de téléphone de l'émission, c'est le
        i 26-44-30-50
        ii 26-24-30-50
        iii 46-24-40-55
    c Les jeunes qui participent à l'émission vont parler de
        i leurs loisirs
        ii leur famille
        iii leur expérience à l'étranger
    d James est
        i anglais
        ii écossais
        iii américain
    e Véronique fait des études de
        i droit
        ii biologie
        iii commerce

2 Notez tout ce que vous apprenez sur James:
Nom: James Ripley
Âge:
Ville d'origine:
Lieu de travail en France:
Occupation:
Fin de séjour:

3 Notez ce que dit Véronique puis remplissez les blancs de la carte postale qu'elle écrit à une amie en France.

Chère Sylvie,

Je viens d'arriver à Wolverhampton. C'est une très grande ville située au _____(a) de l'Angleterre. Londres n'est pas trop loin. Il faut _____(b) heures en _____(c). Je passe _____(d) mois ici dans le cadre du programme Erasmus. Après mon séjour je voudrais bien trouver _____(e) en Angleterre. C'est chouette ici! J'habite sur le _____(f). C'est plus sympa car je peux _____(g) et je me fais _____(h). Mais malheureusement le climat n'est pas idéal. _____(i) tout le temps! Enfin à part ça, tout va très bien. Grosses bises et à bientôt.

Véronique

Sylvie Barreau
120, rue d'Assas
75 006 Paris
FRANCE

---

4 Vous participez à *Radio Sans Frontières* et on vous pose les questions suivantes. Comment y répondez-vous?
  a D'où êtes-vous?   **c** Qu'est-ce que vous faites dans la vie?
  b Quel âge avez-vous?   **d** Qu'est-ce vous faites comme études?

PIÈCES DÉTACHÉES

Au téléphone

Verbes

laisser	*to leave (something)*	Voulez-vous laisser un message?
rappeler	*to call back*	Je lui dirai de vous rappeler?
rentrer	*to come back*	Savez-vous à quelle heure il rentrera?

Adjectif

désolé	*sorry*	Il est désolé

Adverbe

pour l'instant	*for the moment*	Il n'est pas là pour l'instant

À l'hôtel

Noms

un acompte	*deposit*
une chambre	*(bed)room*
une chambre avec un grand lit pour deux personnes	*double room*
une chambre à deux lits	*room with twin beds*
une douche	*shower*

un lavabo	*washbasin*
un parking	*car park*
une piscine	*swimming pool*
une salle de bains	*bathroom*
une salle de séminaires	*conference room*

Verbes

confirmer	*to confirm*	Vous me confirmez vos dates par écrit
envoyer	*to send*	Vous m'envoyez un chèque
réserver	*to book*	Je voudrais réserver une chambre

Adverbe

par écrit	*in writing*	confirmer par écrit

Prendre rendez-vous

Verbes

arriver	*to arrive*	Vous arrivez à quelle heure?
attendre	*to wait*	Vous m'attendrez au bar?
chercher	*to find, fetch*	Je viendrai vous chercher à la gare
risquer de	*to be likely to*	Je risque d'arriver un peu en retard

Adverbes

d'urgence	*urgently*	Il faut téléphoner d'urgence à la résidence
tout de suite	*immediately*	Je te donne tout de suite le numéro

Expressions

Bon voyage	*Have a good trip*
Ça y est	*That's done, that's sorted*
C'est bien gentil	*That's really nice (of you)*
C'est ça	*That's right*
Comment ça va?	*How are you?*
Il y a un petit problème	*There's a slight problem*

BILAN

1 You need to phone your friend Alan Sanders at his workplace in France. You get through to the switchboard. What do you say?

2 You're working in an office when a phone call in French comes through. The person would like to talk to your colleague, Jane Anderson, who isn't in the office. What do you say?

3 The French caller, a Monsieur Sancerre, wants Jane Anderson to ring him back. What would the caller say to you?
   a Pourriez-vous lui dire de me rappeler?
   b Je lui dirai de vous rappeler?
   c Je vais voir s'il est là

4 Say the following phone numbers out loud:
   a 69-34-90-57   b 75-24-69-20   c 34-13-50-76

5   Spell the following names out loud:
    a Schlumberger   **b** Zeleszowski   **c** Jamieson

6   Respond in French according to the instructions given in English
    a Avez-vous vu le film *Jurassic Park*?
        (Say: no – but I'm going to see it next week)
    b Est-ce que vous allez faire ces exercices?
        (Say: yes – I'm going to do them tomorrow)
    c Savez-vous quand vos amis vont venir nous rendre visite?
        (Say: no – but I'm going to write to them)
    d Pourriez-vous demander à votre collègue de me rappeler ce soir?
        (Say: yes – I'll tell him)
    e Connaissez-vous l'actrice Stéphane Barthely?
        (Say: yes – I'm going to see her tomorrow)
    f Kate arrive demain à 18h30 mais je suis occupé jusqu'à 19h.
        (Say: I'll go and fetch her at the station)

7   You phone a hotel in France to book a room with bathroom. What do you say immediately after the hotel manager has said: 'Allô. Hôtel Belair . . .'?

8   If the hotel manager asks you to *'envoyer un acompte et confirmer par écrit'*, what do you have to do?

9   If he says to you very fast *'Vous savez que la taxe de séjour n'est pas comprise dans le prix de la chambre'* and you have no idea what he means, what do you say?

10 A friend tried writing the following letter to a hotel in France and asked you to correct it. As you will see, he's left in quite a lot of English words and some of his expressions are just too abrupt. Rewrite the letter for him.

Monsieur,

Je voudrais book pour une semaine du 12 au 19 january une chambre avec un bathroom. Je veux les prix et confirmer la réservation.

Au revoir

---

unité 5 LE LOGEMENT

Kate téléphone au CROUS pour confirmer son arrivée à l'université de Reims. Comme elle va loger dans une résidence universitaire, elle règle avec Madame Dubreuil, la responsable de la résidence universitaire, les derniers détails administratifs concernant sa chambre.

ÉCOUTER ET
COMPRENDRE 1

Kate téléphone au CROUS

1   Avant d'écouter le dialogue, regardez la liste ci-dessous. Elle contient les phrases de deux conversations téléphoniques différentes:

    i   Quelqu'un appelle un ami. On répond que l'ami n'est pas là.
    ii   Quelqu'un se trompe de numéro.

Lisez chaque phrase et encerclez i ou ii selon la situation.

  a Je crois que vous vous êtes trompée de numéro.　　i–ii
  b Vous voulez quel numéro?　　i–ii
  c Je suis désolé, il n'est pas là pour l'instant.　　i–ii
  d Vous voulez lui laisser un message?　　i–ii
  e Ici c'est le 26-45-15-86.　　i–ii
  f Savez-vous à quelle heure il va rentrer?　　i–ii
  g Excusez-moi de vous avoir dérangée.　　i–ii
  h Je lui dirai de vous téléphoner ce soir.　　i–ii

2   Écoutez la première partie du dialogue. Deux problèmes se présentent à Kate: lesquels?

  a Le numéro de Madame Dubreuil a changé.
  b Kate se trompe de numéro.
  c La ligne est mauvaise.
  d Kate ne comprend pas ce qu'on lui dit.
  e Madame Dubreuil n'est pas là.

3   Réécoutez la première partie et retrouvez les questions qui précèdent les réponses ci-dessous:

  a _____? Pardon, je vous entends très mal.
  b _____? Non, je suis désolée, je crois que vous vous êtes trompée de numéro.
  c _____? Le 26-45-15-76.

4   Kate cherche une réponse aux deux questions suivantes. Écoutez la deuxième partie du dialogue et notez les réponses:

  a What's the name of the halls of residence?
  b What do I have to do to get the key?

5 Reconstituez les phrases essentielles du dialogue en faisant correspondre les deux parties:

a	Vous avez réservé	**i**	une pièce d'identité.
b	Je vous téléphone	**ii**	le nom de la cité.
c	Je vais vous donner	**iii**	pour confirmer mon arrivée.
d	Vous arrivez	**iv**	chercher les clés au secrétariat.
e	Il faudra aller	**v**	une chambre pour moi, je crois.
f	Vous avez bien reçu	**vi**	il n'y a plus personne pour vour donner la clé.
g	On vous demandera	**vii**	la lettre de confirmation.
h	Après 21 heures	**viii**	quand?

6 Réécoutez la deuxième partie du dialogue pour vérifier vos réponses.

PHRASES-CLÉS 1

Au téléphone 3: Se tromper de numéro

Est-ce que je pourrais parler à Madame Dubreuil, s'il vous plaît?

    Pardon, je vous entends très mal.

C'est bien le CROUS de Reims?

    Je crois que vous vous êtes trompée de numéro.
    Vous êtes ici au Syndicat d'Initiative.
    Vous voulez quel numéro?

Excusez-moi de vous avoir dérangée, Madame.

    Il n'y a pas de quoi, Mademoiselle.

ON VA PLUS LOIN

Complétez ces deux conversations téléphoniques.

1 VOUS   _____(a)?
    STANDARDISTE   Jean . . . Jean . . . il n'y a pas de Jean ici. Je crois que vous vous êtes trompé de numéro.
    VOUS   _____(b)
    STANDARDISTE   Il n'y pas pas de quoi. Au revoir . . .

2 CLIENT   Allô, je voudrais parler à Mme Delzangle s'il vous plaît.
    VOUS   _____(a)
    CLIENT   Le 44-52-68-12. Je suis bien au salon de coiffure 'Nikki'?
    VOUS   _____(b)
    CLIENT   Ah bon, excusez-moi Madame.
    VOUS   _____(c)

3   Trouvez les mots pour compléter les blancs dans cette conversation
    téléphonique entre un jeune étudiant britannique et Mme Challe,
    responsable du CROUS.

PAUL	Bonjour. Je m'appelle Paul Maxwell. Vous m'avez r_____(a) une chambre en résidence, je crois. Je téléphone pour c_____(b) mon arrivée le 25 septembre.
MME CHALLE	Un instant que je trouve votre d_____(c). Ah le voilà. On vous a réservé une chambre dans la c_____(d) Montaigne.
PAUL	Ah oui . . .
MME CHALLE	Vous avez reçu le p_____(e) du campus?
PAUL	Oui, je l'ai reçu il y a quelques jours.
MME CHALLE	Alors pour la chambre, il faudra aller c_____(f) les clés au secrétariat, 7, rue Cardinal Richelieu.
PAUL	Vous pouvez r_____(g) s'il vous plaît?
MME CHALLE	Oui, 7, rue Cardinal Richelieu. Mais attention il f_____(h) arriver avant 20 heures.
PAUL	Avant 20 heures?
MME CHALLE	Oui, parce qu'après, c'est f_____(i). Quand vous prendrez la clé on vous demandera une p_____ d'_____(j)
PAUL	Une quoi?
MME CHALLE	Euh . . . votre p_____(k) par exemple.
PAUL	D'accord. Merci Madame. Au revoir.

4   🖤 Travail à deux. Entraînez-vous à téléphoner. L'un/e d'entre vous
    consultera la **Fiche 14A**, l'autre la **Fiche 14B**.

LA MÉCANIQUE 1   *Il faut, devoir, reflexive verbs*

A 'IL FAUT' + INFINITIVE
   Il faut arriver avant 21 heures.
   Il faudra aller chercher les clés. (future tense)

Il faut + infinitive (*it is necessary to*) is used to talk about what has to be
done. **Il faut** cannot be changed to *'je faut'* or *'vous faut'*. It can only be used
with **il**.

1   Using **il faut** + infinitive, suggest solutions to the following problems, as
    in the example:

   • J'ai mal à la tête.   *Il faut prendre de l'aspirine.*

   a Je suis fatigué.
   b Je ne sais pas si c'est 'le' téléphone ou 'la' téléphone.
   c Je cherche un bon hôtel à Paris.
   d Je veux améliorer mon français.
   e Je n'ai plus d'argent.

B 'DEVOIR' + INFINITIVE

If you want to specify **who** has to do something, then you'll need to use the verb **devoir**. **Je dois** *téléphoner à la résidence* means '**I** have to phone the halls of residence'. **Il faut** *téléphoner à la résidence* could mean either '**I** have to' or '**You** have to'.

2 In the following exercise, tell a friend that things he intends to do tomorrow have to be done today. You'll need to use object pronouns (← La mécanique p. 60) in your reply, placing them before the verb in the infinitive as in the example:

- Je dois téléphoner à Pierre demain. *Non, tu dois **lui** téléphoner aujourd'hui.*

   a Il faut laver la voiture demain.
   b Je dois contacter Mme Dubreuil demain.
   c Je dois aller chercher ma mère demain.
   d Il faut téléphoner aux Dupont demain.
   e Je dois parler à Jeanine demain.

C REFLEXIVE VERBS

Je peux **m'asseoir?**
La résidence **se trouve** rue Gérard Philipe.
Vous **vous appelez** comment?

In English, verbs are made reflexive by adding *myself, yourself, himself* etc. In French, reflexive verbs have the pronouns *me, te, se* etc. in front of the verb, e.g. I've hurt *myself* → Je **me** suis blessé. The full list of reflexive pronouns is given below. Far more verbs are reflexive in French than in English. Below is a list of the ones you've come across so far. Add to it as you meet more.

Reflexive pronouns	Common reflexive verbs	
se tromper (to make a mistake)	s'appeler	se renseigner
Je **me** trompe	s'asseoir	se réveiller
Tu **te** trompes	se coucher	se retrouver
Il/Elle/On **se** trompe	se dépêcher	
Nous **nous** trompons	s'endormir	
Vous **vous** trompez	s'excuser	
Ils/Elles **se** trompent	s'habiller	
	se lever	
	s'occuper de	

3 Fill in the gaps below with the correct reflexive pronoun:
   a Je _____ excuse d'être en retard.
   b Il _____ appelle Edouard mais nous l'appelons Ed.
   c Elle doit _____ lever vers six heures et demie.
   d Ils _____ habillent toujours très bien.
   e Vous _____ occupez de la résidence universitaire?
   f Tu _____ couches d'habitude à quelle heure?
   g Édith _____ dépêche de terminer son travail.
   h Nous _____ retrouverons l'année prochaine.

Understanding official documents

If you have any contact with France beyond a brief holiday, you are likely to come across French official documents, particularly if you go on a work placement or a study visit. While they may seem daunting at first glance, many are relatively straightforward if you use guesswork to help you.

- Official documents in French and English often use identical words:
    réservation (reservation)
    document (document)
    absence (absence)
- There are many French words which are slightly different from English but recognisable.
    paiement (payment)
    preuve (proof)
    assurance (insurance)
- The meaning of some words can be

guessed if you know other words in the same word family:
    bancaire-banque (bank)
    universitaire-université (university)
- However beware of *faux-amis*. These are words which look the same but have different meanings:
    passer un examen (to take an exam)
    caution (a deposit or guarantee)
It's probably a good idea to make a list of these as you come across them.
- Always imagine what a similar document in English would say and use this to predict the content of the French document.
- If you're translating an official document, avoid a word-for-word approach. If you were writing that same document in English, what would you put? Check that your translation sounds English.

Lettre du CROUS

1 À qui la lettre ci-contre est-elle adressée?
    a à un étudiant qui va quitter sa chambre?
    b à un étudiant qui a fait une demande pour une chambre en cité?
    c à un étudiant qui veut des renseignements sur les chambres en cité?

2 Voici les questions que se pose Peter Dixon en lisant cette lettre. Cochez les bonnes réponses:

    a Do I have a room in the hall of residence? Yes? No?
    b What do I have to do now:
       - nothing?
       - send some papers back?
       - phone the CROUS?
       - get my papers translated?
       - send them some money?

C.R.O.U.S. de Reims
34, boulevard Henry Vasnier
B.P. 2731

N° de dossier 95 0152 A

51063 REIMS CEDEX

**Service du dossier social
de l'étudiant**

Reims, le *6 août 1996*

M. *Peter Dixon*

Nous avons le plaisir de vous faire savoir qu'une chambre vous est attribuée à

Cité Saint Nicaise
2, rue Gérard Philipe
51100 REIMS - Tél.: 26.49.07.49.

En conséquence et pour confirmer votre réservation, vous devez:

1- verser une provision de 636 francs qui constitue une garantie et sera imputée au titre de la redevance du mois de juin.

2- apporter la preuve de votre réussite au baccalauréat avec photocopie certifiée conforme de votre relevé de notes.

3- envoyer une attestation d'assurance responsabilité civile incendie, dégâts des eaux pour ce logement.

Vous retournerez l'ensemble des documents avec le chèque de provision (chèque postal ou bancaire uniquement)

à l'ordre de   Régisseur de recettes SN/GP
C.C.P. 2800 - 49 B CHALONS SUR MARNE
à l'adresse   2, rue Gérard Philipe
51100 REIMS

Tout paiement tardif et absence des documents demandés ci-dessus entraîneront l'annulation de l'affectation.

Aucun changement de logement n'est possible en cours d'année.

Nous vous souhaitons un bon séjour en cité et une bonne année universitaire.

Annie Damay

**Pour le Directeur et par délégation
La Responsable du secteur vie étudiante.
Annie DAMAY.**

3 Selon la première partie de la lettre, Peter doit faire trois choses: lesquelles?

   a send proof of exam results
   b send a stamped addressed envelope and photo
   c arrange for a deposit to be paid
   d send a photocopy of his birth certificate
   e send an insurance certificate
   f send a reference from his bank

   > la redevance = *rent, payment*
   > une attestation = *certificate*

4 Maintenant trouvez les réponses aux autres questions de Peter:

   a *Do I get my deposit back at the end of the academic year?*
   b *What kind of insurance do I need?*
   c *Who do I make the cheque payable to?*
   d *If I don't like my room, can I change it?*

5 Regardez le dernier passage de la lettre en gras:
   Tout paiement tardif et absence des documents demandés ci-dessus entraîneront l'annulation de l'affectation.

   a Soulignez les mots qui sont identiques ou presque à l'anglais.
   b Pouvez-vous deviner le sens de l'adjectif 'tardif' à partir du nom 'retard'?
   c Quel est le sens du verbe 'entraîner'?
       i to lead to   ii to train   iii to remove
   d Que veut dire 'affectation'? Attention! C'est un faux ami.
   e Quelle est la bonne traduction du mot 'annulation'?
       i abolition   ii fine   iii cancellation

Recommendations aux résidents

RESIDENCE UNIVERSITAIRE
'Les Lilas'

<u>RECOMMENDATIONS AUX RÉSIDENTS</u>

1   Les étudiants sont responsables du mobilier et du matériel mis à leur disposition dans le logement qui leur est attribué. Ce mobilier ne doit ni être démonté, ni être déplacé.

2   Pour éviter les accidents, où votre responsabilité serait engagée, aucun objet tel que pot de fleur, bouteille ou filet ne devra être suspendu à l'extérieur des fenêtres.

3   C'est pour les mêmes raisons de sécurité que l'introduction des réchauds à gaz, à alcool ou à pétrole est formellement interdite, ainsi que l'utilisation des réchauds électriques et des fers à repasser. Seuls les chaînes stéréo, lecteurs de disques compacts et magnétophones peuvent être branchés dans les chambres, toutes équipées sur 220 volts.

Les cuisinettes mises à votre disposition doivent servir exclusivement à la confection de petits déjeuners et boissons chaudes.

Dans les cuisinettes un séchoir est mis à votre disposition. Vous devez l'utiliser et ne pas étendre votre linge aux fenêtres ou dans votre chambre. Toute dégradation sera à la charge de l'étudiant.

Une pièce est spécialement aménagée dans chaque pavillon pour le repassage du linge.

Les bâtiments comprennent un vide-ordures à chaque étage. Cependant par mesure de sécurité aucun objet en verre ne doit y être déposé.

4   La présence d'animaux est formellement interdite dans les chambres.

5   Par respect d'autrui, les étudiants sont tenus de respecter le silence après 22 heures.

6   Il est formellement interdit aux étudiants, sauf accord explicite et écrit du Directeur du CROUS, de prêter leur chambre ou d'y héberger une tierce personne.

---

héberger une tierce personne = *(lit.) to put up an outsider*

---

1 Quel est le but de ce texte:

    a renseigner les étudiants sur les différentes activités ou loisirs qu'ils peuvent pratiquer?

    b expliquer aux étudiants ce qu'ils doivent faire avant de quitter leur chambre?

    c présenter aux étudiants le règlement de la résidence universitaire?

2 Corrigez les affirmations qui sont fausses:
  a Les étudiants peuvent déplacer leur lit ou leur bureau.
  b Ils ont le droit d'avoir une chaîne stéréo dans leur chambre.
  c Ils ne doivent pas faire de repassage dans leur chambre.
  d Ils peuvent préparer des repas dans la cuisinette.
  e Ils ont le droit d'héberger un/e ami/e dans leur chambre pour une nuit seulement.
  f Il faut éviter de faire du bruit après 20 heures.

3 Trouvez dans le texte les équivalents en français des expressions suivantes:
  a furniture   d hot drinks   g to lend
  b gas stoves   e a drying rack (for clothes)
  c irons   f to hang up your washing

4 Faites une liste de tout ce qui est interdit dans cette résidence.

5 Après avoir lu ce document, quelle idée vous faites-vous de cette résidence? Aimeriez-vous y habiter? Pourquoi? Pourquoi pas?

Les règlements

Les étudiants **sont responsables du** mobilier....
        tenus de respecter le silence après 22h.

Ce mobilier **ne doit pas être** démonté.
Aucun objet **ne devra être** suspendu à l'extérieur de la fenêtre.

Seuls les chaînes stéréo et magnétophones **peuvent être** branchés dans les chambres.

Dans les cuisinettes, un séchoir **est mis à votre disposition**.

La présence d'animaux **est formellement interdite**.

Il est formellement interdit aux étudiants **de** prêter leur chambre.

ON VA PLUS LOIN

1 Remettez les éléments dans le bon ordre pour former des phrases:
  a déplacer/le mobilier/il est interdit de/dans les chambres
  b d'une tierce personne/l'hébergement/est interdit
  c mettre/des objets en verre/il ne faut pas/dans le vide-ordures
  d écouter /de la musique/il est interdit d'/après 22 heures
  e rebord des fenêtres/ne doivent pas/des pots de fleurs/être déposés/sur le
  f étendre/il faut/dans les cuisinettes/son linge
  g sont/les animaux/interdits/la résidence/dans
  h les postes de radio/être/peuvent/dans/chambres/les/branchés

2 Formulez vos propres règles pour une résidence universitaire en complétant les phrases suivantes:

  a Il est interdit de ...
  b Les étudiants sont responsables de ...
  c Les ... doivent être ...
  d Les ... ne doivent pas être ...
  e Il faut ...
  f Les étudiants sont tenus de ...

1 Mettez les verbes entre parenthèses au présent. Une fois l'exercise terminé, devinez la profession de chaque témoin.

  a Je (**se réveiller**) à six heures du matin, mon mari (**se lever**) avant moi pour aller préparer le café. Je (**se lever**) vers six heures et demie. Je (**devoir**) être au travail à sept heures et demie car le magasin (**s'ouvrir**) à huit heures. On (**fermer**) à six heures et demie, je (**rentrer**), je (**préparer**) le repas et puis je (**m'asseoir**) devant la télévision.

  b Je (**s'occuper**) de toutes les réservations. Avec ma collègue Jeanne, nous (**devoir**) répondre au téléphone toute la journée et noter les réservations des clients. C'est une journée très longue, mais on (**s'amuser**) bien. Les clients sont en général très sympa.

  c Je (**se lever**) vers sept heures si je suis de garde à huit heures. Je (**s'habiller**) en vitesse – c'est facile quand on porte un uniforme – et je (**arriver**) à l'hôpital vers huit heures moins cinq. Dans la section où je (**travailler**), nous (**s'occuper**) surtout d'enfants malades. Quelquefois, c'est un métier très dur, mais cela m'apporte beaucoup.

> cela m'apporte beaucoup = *I get a lot out of it*

2 🗨 Travail à deux. Préparez une liste de six tâches que vous devez faire cette semaine. Introduisez dans votre liste deux mensonges. Présentez oralement votre liste à votre voisin/e qui doit deviner les deux mensonges.

> un mensonge = *a lie*

Interview avec Loïc

Voici Loïc, un étudiant français, qui passe quelques mois à Brighton. Hubert
lui pose des questions sur son séjour.

1 Écoutez l'interview et répondez aux questions:
   a Loïc loge
      i   chez une famille anglaise
      ii   dans un appartement qu'il partage avec d'autres étudiants
      iii dans une résidence universitaire
   b Il dit que sa chambre est
      i   petite
      ii   assez grande
      iii énorme
   c Selon lui, le prix des chambres pour étudiant est
      i   plus élevé en Angleterre?
      ii   plus élevé en France?
   d Il préfère
      i   la nourriture anglaise
      ii   la nourriture française

> ça t'empêche de travailler? = *does it prevent you from working?*
> au préalable = *beforehand*
> se soucier de = *to worry about*
> auparavant = *before*

2 Loïc parle de sa chambre.
   a Quelles sont les dimensions approximatives de sa chambre?
   b Loïc dit qu'il doit r_____ souvent sa chambre, par exemple faire le
      l_____ et m_____ les chaussettes dans le t_____.

3 Il parle d'un séjour précédent en Angleterre. Remplissez les blancs:
  a Il est déjà venu il y a _____ ans.
  b Il a passé une _____ chez une _____.

4 Il parle de la nourriture en Angleterre: quelles sont les différences avec la nourriture française?

5 Retrouvez les phrases en faisant correspondre les deux parties:

  a Je loge actuellement   **i** de travailler?
  b Ça t'empêche   **ii** ranger tout le temps ta chambre.
  c Tu as besoin de   **iii** est un petit peu plus élevé.
  d Tu es plutôt satisfait   **iv** dans une résidence universitaire.
  e Le prix des chambres   **v** de la situation?

6 Relevez dans l'interview l'équivalent en français des phases ci-dessous:
  a You're doing a course in England.
  b How did you find this accommodation?
  c Perhaps it's your first visit to England?
  d What are the differences between England and France?

PHRASES-CLÉS 3

Exprimer son point de vue

Où est-ce que tu loges à Brighton?

En général, tu es plutôt satisfait de cette situation?

D'après toi, quelles sont les différences entre l'Angleterre et la France?

Du point de vue nourriture, **je pense que** les Français ont une bonne nourriture …

… **je veux dire que** les Anglais apprécient davantage, **je crois,** le 'junk food'.

Tu préfères la nourriture française?

Bien entendu.

ON VA PLUS LOIN

1 En vous aidant des phrases-clés remplissez les blancs:

  MICHEL   Alors d'après toi, quelles sont _____ _____(a) entre les voitures anglaises et françaises?

  VALÉRIE   Alors écoute, du _____ _____ _____(b) élégance, je _____(c) que la ligne française est beaucoup plus pure que la ligne anglaise.

  MICHEL   Tu n'es pas sérieuse? Si?

  VALÉRIE   Je trouve que les voitures françaises ont une forme euh … plus esthétique quoi …

Je _____ _____(d) que les voitures françaises sont plus attrayantes!

MICHEL   Ah bon! Alors tu _____ (e) les voitures françaises?

VALÉRIE   ___ ___(f)!

MICHEL   Et évidemment tu vas t'acheter la nouvelle Renault?

VALÉRIE   Je l'ai déjà commandée à mon concessionnaire. Elle arrive la semaine prochaine.

2 ■) Posez les questions suivantes à votre voisin/e et notez ses réponses:
   a Où est-ce que tu loges?
   b Décris ta chambre.
   c Es-tu satisfait(e) de ce logement?
   d Tu habites dans cette ville depuis combien de temps?
   e Quelles sont les différences entre cette ville et ta ville natale?

LA MÉCANIQUE 2   *Time expressions*

A TRANSLATING 'FOR' INTO FRENCH
   Kate est en France **depuis** un mois.
   Elle a suivi un cours de français **pendant** trois semaines
   Édith veut venir **pour** trois jours.

All three prepositions in bold above can be translated by 'for' in English, but each one is used in different contexts:

Depuis + present tense
Depuis refers to a period of time which started in the past, but which is still continuing. Thus, in French a present tense is often used in sentences with **depuis**. Note that **depuis** can also be translated as 'since'. (See B below).

Pendant + perfect tense (➡ p. 94)
When **pendant** is used to refer to past time, it usually refers to a completed period. Thus, a perfect tense (j'ai travaillé, elle a suivi) is often used with **pendant**.

Pour for future reference only
Pour is only used when the time period referred to finishes in the future.

1 Translate 'for' in the following English sentences.
   a I'm going away **for** a couple of weeks.
   b Édith has been living in Paris **for** fifteen years.
   c Before coming to Britain, I lived in Brussels **for** two years.
   d I've done this job **for** three months now.
   e **For** two months, Hubert worked for a company in Ireland.
   f Dominique has got a job in Lyon **for** six months.

B MORE TIME PREPOSITIONS

Here are other useful time prepositions that have been used so far:

Je suis venu **il y a** six ans
Depuis la fin des années 70, il y a une migration du Nord au Sud
Je vais arriver **dans** une semaine
Le snack-bar est fermé **jusqu'à** dix heures
Il faut arriver **avant** 21 heures
Après cette heure, il n'y aura plus personne.

C TWO USEFUL VERBS: IL FAUT, PASSER

Tous les étés, je **passe** un mois dans une famille française
Il faut deux heures pour aller de Biarritz à Espelette

2 Answer the following questions in French:
   a Combien de temps faut-il pour aller de Londres à Paris en avion?
   b Combien de temps passez-vous chaque semaine à regarder la télévision?
   c Combien de temps passez-vous chaque semaine à ranger votre chambre?
   d Combien de temps vous faut-il pour aller à l'université?

3 Use each of the ten expressions highlighted above to fill in the gaps:
   a _____ deux jours, Kate a téléphoné au CROUS.
   b _____ une semaine, elle va quitter Paris pour Reims.
   c _____ une heure et demie pour aller de Paris à Reims en train.
   d Kate doit arriver à la résidence _____ 21 heures. _____, le concierge ne sera plus là.
   e Elle va rester en France _____ la fin de l'année universitaire.
   f À Noël, Hubert partira _____ deux semaines aux Etats-Unis. Il ira d'abord à New York où il _____ une semaine chez des amis.
   g _____ trois semaines, Édith suit des cours d'anglais à Eurolangues.
   h Hubert a vécu à Guildford _____ neuf mois.

ÉCOUTER ET COMPRENDRE 3

🔲 *Radio Sans Frontières: La rentrée universitaire*

Vous voici encore une fois en compagnie de Philippe et de Cécile pour l'émission *Cacophonie*. Aujourd'hui, on est le 8 octobre, jour de la rentrée universitaire . . .

1 Écoutez une première fois. L'émission est consacrée:
   a au budget de l'étudiant?
   b aux résidences universitaires?
   c aux problèmes administratifs dans les universités?

> le timbre fiscal sur la carte de séjour = *stamp duty on the resident's permit*
> l'adhésion à la Sécurité Sociale = *social security registration*
> la mutuelle = *health insurance company*
> se débrouiller = *to manage*
> arrondir les fins de mois = *to supplement one's income*

2 Notez tout ce que vous apprenez sur les invités:
   a Monsieur Perrault
   b Delphine
   c Akim

3 Quel est le budget que l'étudiant doit prévoir pour le premier mois?
   a 500F?   **b** 5 000F?   **c** 15 000F?

4 Que veulent dire les expressions à gauche? Trouvez pour chacune son explication à droite:
   a la couverture sociale   **i** une garantie
   b les frais   **ii** paiement pour un logement
   c le loyer   **iii** l'argent qu'il faut payer
   d la caution   **iv** une société d'assurances-maladie
   e la mutuelle   **v** l'adhésion à la sécurité sociale

5 Réécoutez l'émission et notez ci-dessous les chiffres donnés par M. Perrault, Delphine et Akim:

   Budget à prévoir à la rentrée:
   • La Sécurité Sociale   _____
   • La mutuelle   *500 à 2000F*
   • 1er loyer et caution   _____
   • inscription à l'université   *800F*
   • frais de transports
   • les repas   *750F*
   • carte petits-déjeuners   _____
   • les livres   _____
   • timbre fiscal sur la carte de séjour (étudiants étrangers)   _____

6 Quels sont vos frais? Calculez et discutez avec votre voisin/e du budget que vous prévoyez chaque mois pour:
   • votre chambre
   • chauffage et électricité
   • frais de transports
   • les repas, la nourriture
   • les livres
   • les loisirs

7 Avez-vous l'impression que la vie est moins chère ou plus chère pour les étudiants en France?

PIÈCES DÉTACHÉES   *Les démarches administratives*

Noms

l'annulation (*f*)	*cancellation*	... l'annulation de l'acceptation
une attestation	*certificate*	... une attestation d'assurance

la bourse	*grant*	. . . une demande de bourse
la caution	*deposit*	J'ai versé un mois de caution
le dossier	*file*	J'ai trouvé votre dossier
les frais	*fees, costs*	Les frais d'inscription coûtent cher
l'imprimé (*m*)	*form*	Vous devez remplir l'imprimé
le logement	*accommodation*	. . . le logement en cité universitaire
le loyer	*rent*	Le loyer et la caution s'élèvent à 1 500 francs
la pièce d'identité	*proof of identity*	On vous demandera une pièce d'identité
la santé	*health*	. . . les frais de santé

Verbes

dépenser	*to spend*	Que dépense un étudiant pendant le 1er mois?
déranger	*to disturb*	Excusez-moi de vous avoir dérangé
entraîner	*to lead to*	Tout paiement tardif entraînerait une annulation
loger	*to live, lodge*	Je loge sur le campus
prévoir	*to plan*	Il faut prévoir des dépenses à la rentrée
respecter	*to observe (a rule)*	. . . respecter le silence après 22h
se tromper	*to get something wrong*	Je crois que vous vous êtes trompé
verser	*to pay*	Il faut verser le montant du loyer

La vie en résidence

Noms

une boisson	*drink*	. . . les boissons chaudes
une chaîne stéréo	*stereo system*	Seules les chaînes-stéréo peuvent être branchées . . .
un fer à repasser	*iron*	. . . l'utilisation de fers à repasser
un lecteur de disques compacts	*CD player*	
un magnétophone	*cassette player*	. . . les magnétophones peuvent être branchés
un réchaud	*stove*	. . . un réchaud à gaz, à pétrole

Verbes

avoir besoin de	*to need*	Tu as besoin de faire le lit
brancher	*to plug in*	
faire le lit	*to make the bed*	
faire . . . mètres carrés	*to measure . . . metres*	Les chambres doivent faire dans les 7 à 9 m^2
ranger	*to tidy up (a room)*	. . . de ranger ta chambre
repasser	*to iron*	. . . repasser votre linge

BILAN

1   You dial a number and ask to speak to someone. You hear *'Je crois que vous vous êtes trompé de numéro'*. What do you say?

2   You phone the person in charge of the CROUS. How do you:
   a introduce yourself?
   b say that you think that a room has been booked for you?
   c confirm your arrival next week?

3   You want to know at what time you should pick up the keys. What do you say?
   a Il doit aller chercher les clés à quelle heure?
   b Elle faut chercher les clés à quelle heure?
   c Je dois aller chercher les clés à quelle heure?

4   Fill in the gaps with the correct reflexive pronoun (*me, te, se* etc).
   a Je dois _____ renseigner à la gare sur les horaires des trains.
   b Pour _____ inscrire, tu dois présenter deux photos et une attestation de bourse.
   c Les clés _____ trouvent au secrétariat.
   d Vous _____ appelez comment? Nous _____ appelons Rose et Amélie.

5   Translate the following:
   a It is forbidden to smoke in the conference rooms.
   b A hairdryer (*un sèche-cheveux*) is provided for your use.
   c Furniture (*le mobilier*) must not be moved.

6   How would you respond if you were asked the following question: *'D'après toi, quelles sont les différences entre l'Angleterre et la France?'* Write your answer.

7   How would you ask Loïc the following questions in French:
   a Is this your first visit to England?
   b Where are you living?
   c Are you satisfied with your accommodation?

8   Choose the correct time expression to complete the sentence:
   a Le secrétariat du CROUS est ouvert *dans/il y a/jusqu'à* 18heures.
   b *Je passe/Il faut* trois jours pour terminer ce travail.
   c *Dans/Depuis/Il y a* une semaine Kate va quitter Paris.
   d Édith apprend l'anglais *il y a/jusqu'à/depuis* deux semaines.
   e Loïc est allé en Angleterre *depuis/avant/il y a* quelques années.
   f *Loïc passe/Il faut* six mois à l'université de Brighton.
   g Hubert a téléphoné à Kate *dans/avant/il y a* son départ pour Reims.

9   Here is a definition of le CROUS. Fill in the missing words:

   Le CROUS, c'est une organisation qui a pour but de r_____(a) et d'a_____(b) les étudiants dans les domaines du l_____(c), de la s_____(d) et des loisirs.

10 What expenses should a French student budget for during the first term at university? Suggest at least 4 other items:
   • inscription à l'université
   • ......
   • Sécurité Sociale + mutuelle
   • ......
   • ......
   • ......

unité 6 ARRIVÉE À REIMS

Kate arrive à Reims. Elle est accompagnée d'Édith, qui a eu des mésaventures tout au long du voyage. Heureusement Hubert est allé les chercher à la gare et les ramène en voiture chez lui.

Il partage un appartement avec Dominique qui prépare un doctorat de chimie à l'université de Reims. Une fois arrivées à l'appartement, tout s'arrange pour Édith et Kate. Édith raconte son voyage et Dominique propose à tous de boire une bière . . .

Arrivée à Reims

1 Dans ce dialogue, Hubert retrouve Kate et Édith à la gare de Reims et les ramène à son appartement où Dominique les attend. Avant de l'écouter, cochez les phrases qu'à votre avis, vous allez entendre:
   a Je suis contente de te revoir.
   b Vous n'avez pas attendu trop longtemps?
   c Il est interdit de fumer dans les salles de conférences.
   d Je te donne le numéro de téléphone de la résidence universitaire.
   e Bienvenue à Reims.
   f Je crois que vous vous êtes trompé de numéro.
   g Je vous présente Dominique avec qui je partage l'appartement.
   h Vous avez fait bon voyage?

2 Maintenant écoutez le dialogue et vérifiez vos réponses.

3 Lisez les affirmations suivantes et corrigez celles qui sont fausses:
  a Édith et Kate ont attendu 20 minutes à la gare.
  b À Paris, Édith est arrivée en retard à la gare.
  c Elle a oublié de composter son billet.
  d Le contrôleur lui a fait payer une amende.
  e Elle a cassé ses lunettes dans le train.

4 Réécoutez la première partie du dialogue, puis remettez les phrases dans le bon ordre:
  a Bienvenue à Reims.
  b Vous n'avez pas attendu trop longtemps?
  c Donne-moi tes valises.
  d Je suis contente de te revoir.
  e Je te présente ma copine.
  f Nous sommes arrivées il y a 20 minutes.

5 Réécoutez la seconde partie du dialogue. Reconstituez le récit d'Édith en remplissant les blancs avec les expressions encadrées:

de mon sac   trouver le contrôleur   Kate   perdu   en retard   du train   fini
mon billet   dans le compartiment   rendue compte   amende   mon train   taxi

Pour commencer je n'ai pas pu trouver de _____(a). Alors je suis arrivée _____(b) à la gare. J'ai attrapé _____(c) de justesse et puis j'ai retrouvé _____(d). Tout d'un coup je me suis _____(e) que j'avais oublié de composter _____(f). Alors je suis tout de suite allée _____(g). Heureusement il ne m'a pas fait payer d'_____(h). Et puis c'est pas _____(i). Je suis descendue trop vite _____(j) et j'ai _____(k) mes lunettes. Je crois qu'elles sont restées _____(l). Elles sont sûrement tombées _____(m).

PHRASES-CLÉS **1**

Souhaiter la bienvenue

Je suis contente de te revoir.

Donne-moi tes valises.

Vous ne m'avez pas trop attendu?

Nous sommes arrivées il y a dix minutes.

Je te présente Édith.

Bonjour Édith.
Bienvenue à Reims.
Vous avez fait bon voyage?
Qu'est-ce qui s'est passé?
Je vous offre une bière?

1 Alain est allé chercher sa copine Anne à la gare de Lille. Remettez les phrases dans le bon ordre:

	ANNE	Alain, Alain!
(a)	ALAIN	Je te crois. Alors tu as fait bon voyage?
(b)	ANNE	Bonne idée. Allons à la brasserie en face de la gare.
(c)	ALAIN	Je m'excuse. Je n'ai pas pu trouver de place pour la voiture. Donne-moi ta valise.
(d)	ANNE	D'accord. Mais elle est lourde. Elle est pleine de livres.
(e)	ALAIN	Allez. Je t'offre une bière?
(f)	ANNE	Moi aussi. Paris c'est triste sans toi.
(g)	ALAIN	Anne! . . . Je suis bien content de te revoir.
(h)	ANNE	Oui, mais j'attends depuis 20 minutes. Tu es en retard!

2 Amed raconte son voyage à Hélène. Remplissez les blancs avec les phrases-clés ou le vocabulaire du dialogue.

HÉLÈNE Alors tu as fait bon _____(a)?

AMED Non horrible . . . je vais te raconter ce qui s'est _____(b).

HÉLÈNE D'accord je t'écoute.

AMED Pour commencer je suis arrivé _____ _____(c) à la gare.

HÉLÈNE Tu es toujours en retard!

AMED Puis je suis monté dans le _____(d) mais j'avais oublié de composter mon _____(e).

HÉLÈNE Le _____(f) t'a fait payer une amende?

AMED Non, heureusement il a compris.

HÉLÈNE Tu as eu de la _____(g)!

3 🗣 Travail à deux: À tour de rôle, vous allez raconter un voyage à votre voisin/e. L'un/e d'entre vous consultera la **Fiche 15A**, l'autre la **Fiche 15B**.

LA MECANIQUE 1 | *The perfect tense with avoir*

> ➡ *For an overview of tenses, see p. 236*

For an overview of tenses, see p. 236

A **THE PERFECT TENSE**

J'**ai réussi** à trouver une place

Tu **as eu** de la chance

On **a bu** un café en t'attendant

Édith uses the *perfect tense* or **passé composé** to recount her journey to Reims. As you can see from the examples above, the perfect tense has two parts: first, the relevant form of the verb **avoir**, then the *past participle*, a form of the verb usually ending in **é**, **i** or **u**:

	travaill + é	fin + i	vend + u
J'ai	travaillé	fini	vendu
Tu as	travaillé	fini	vendu
Il/Elle/On a	travaillé	fini	vendu
Nous avons	travaillé	fini	vendu
Vous avez	travaillé	fini	vendu
Ils/Elles ont	travaillé	fini	vendu

Some irregular past participles		
ending in i, is, it	**ending in u**	**ending in t**
comprendre **compris** dire **dit** écrire **écrit** mettre **mis** prendre **pris**	avoir **eu** boire **bu** devoir **dû** pouvoir **pu** recevoir **reçu** voir **vu**	conduire **conduit** faire **fait** offrir **offert** ouvrir **ouvert**

1 Here's Kate's version of the journey to Reims. Put the verbs in brackets into the perfect tense:

Je (**quitter**) l'appartement d'Édith une heure avant le départ du train. Je (**prendre**) le métro pour aller à la Gare de l'Est. Arrivée à gare, je (**acheter**) mon billet, je (**manger**) un sandwich et je (**boire**) un jus d'orange. Ensuite je (**composter**) mon billet, je (**trouver**) un compartiment non-fumeur dans le train et je (**attendre**) Édith.

B WORD ORDER WITH THE PERFECT TENSE

Vous **n'**avez **pas** trop attendu?
Je **lui** ai expliqué . . .

In the examples above you can see how:

- **ne** and the **pas** are placed around the verb *avoir*
- **object pronouns** are placed in front of *avoir*

2 You're sharing a flat with a French friend. Here is a list of things you were supposed to do. You've only managed to do two of them. Leave your friend a message saying what you have and haven't done:

- téléphoner à l'électricien
- ranger le salon
- écrire au propriétaire
- faire les courses
- nettoyer la cuisine
- payer le loyer

C AGREEMENT WITH DIRECT OBJECT PRONOUNS

Hubert connaît Kate depuis un mois. Il **l'**a rencontré**e** **dans le train.**
Kate a beaucoup de livres. Elle **les** a acheté**s** à Paris.
Édith a perdu ses lunettes. Elle **les** a laissé**es** dans le train.

As you can see in the above examples, the past participle 'agrees' with direct object pronouns **la** and **les**. An **e** is added to agree with **la** (which becomes **l'** in front of a vowel). An **s** is added when **les** refers to a masculine plural noun; **es** is added when **les** refers to a feminine plural noun. These agreements rarely affect pronunciation of the past participle, so you only need to consider them when you write. (➡ For an overview of agreements, see page 236.)

3 Practise using object pronouns in answering the following questions, as in the example. (← See unit 4, p. 60 for revision of object pronouns.)

- Édith a-t-elle retrouvé ses lunettes? *Non, elle ne **les** a pas retrouvées*
- **a** Kate a-t-elle téléphoné à Madame Dubreuil la semaine dernière? Oui . . .
- **b** Kate a-t-elle reçu le plan du campus? Non . . .
- **c** Édith a-t-elle raconté l'histoire à Dominique et à Hubert? Oui . . .
- **d** Avez-vous vu le film *Forrest Gump*? Non . . .
- **e** Avez-vous fait les exercices de l'unité cinq?

STRATÉGIES

Keeping a conversation going

In unit 1, you looked at strategies for coping with language difficulties in conversation. Here are some more ideas to help you keep a conversation going in French and so develop your fluency:

- You don't need to say a lot to keep a conversation going. Even if you don't understand everything that is being said, let the person you're talking to know you are interested in the conversation by making short comments, such as *Ah bon? Bien sûr, C'est vrai?*

- If in the course of a conversation, you find you need words you don't know, ask for help: *Comment dit-on en français* or *comment ça se dit . . . ?* or find a simpler way of saying the same thing, but try to keep the conversation going.
- Try using 'fillers' – words such as *eh bien, bon, alors, euh* etc. They give you time to think and make you sound more French. You'll hear quite a few being used in the next dialogue.

ÉCOUTER ET
COMPRENDRE **2**

Engager la conversation

La Grande Arche,
La Défense, Paris

1 Dominique engage la conversation avec Kate qu'il rencontre pour la première fois. De quoi va-t-il lui parler? Écoutez le dialogue et cochez les sujets de conversation abordés:
 a la ville de Reims
 b les monuments de Paris
 c les Parisiens
 d les études de Kate en Angleterre
 e le climat à Reims
 f les progrès de Kate en français
 g les études de Dominique

2 Retrouvez les questions de Dominique en faisant correspondre les deux parties des phrases:
 a Qu'est-ce que   **i** contente?
 b Quel est le   **ii** tu les trouves sympathiques?
 c Et les Parisiens,   **iii** tu penses de Paris?
 d Tu as fait des progrès   **iv** monument que tu as préféré?
 e Alors tu es   **v** pendant les trois semaines?

3 Réécoutez la conversation et notez les réponses de Kate aux questions de Dominique.

4 Deux fois Kate ne trouve pas le mot français qu'elle cherche. Réécoutez le dialogue et notez ce qu'elle dit, ainsi que les réponses de Dominique:
 a KATE   J'ai horreur des ... euh ... towerblocks. Comment _____ _____ _____ en français?
    DOMINIQUE   Eh bien _____ _____ _____ les tours?
 b KATE   Tu veux bien me corriger chaque fois que je me ... _____ _____ _____ _____?
    DOMINIQUE   Chaque fois que tu _____ _____?
    KATE   Voilà ... Chaque fois que je _____ _____.

5 Maintenant, regardez les 'fillers' dans les deux premières sections des *Phrases-clés* suivantes. Réécoutez tout le dialogue et repérez les 'fillers' qu'emploie Kate dans cette conversation.

PHRASES-CLÉS 2

Savoir converser 1

Pour vous donner du temps au début d'une phrase, vous pouvez dire
- alors ...
- bon ...
- eh bien ...
- euh ...
- écoute/écoutez ...

Quand vous hésitez ou vous ne savez pas quoi dire ...
- comment dire?
- je ne sais pas moi ...
- disons que ...

Pour exprimer la surprise, vous pouvez dire . . .	**ah bon, c'est vrai?**
	c'est pas vrai!
	c'est incroyable!
	c'est extraordinaire!
Pour exprimer votre accord . . .	**je suis d'accord avec toi/vous**
	bien sûr!
Pour commenter un événement malheureux . . .	**c'est affreux!**
	c'est horrible!
Pour commenter un événement heureux . . .	**c'est super!**
	c'est formidable!
Pour demander une expression en français . . .	**. . . comment ça se dit** en français?

ON VA PLUS LOIN

1 Vous êtes assis/e au bar de la gare. Quelqu'un s'assied en face de vous. Il parle très vite et vous avez du mal à suivre la conversation. Toutefois vous voulez participer à la conversation. Que répondez-vous?

LUI   Vous savez ce qui vient de m'arriver?

VOUS   Non?

LUI   Un cauchemar! Hier soir j'ai pris le train de Marseille de 21h15. J'avais réservé une couchette bien à l'avance. Je suis donc monté dans le train et quand je suis entré dans le compartiment, quelqu'un y était déjà installé.

VOUS   _____(a)

LUI   Alors bien sûr, j'ai cherché le contrôleur partout mais il était introuvable. Qu'est-ce que vous auriez fait à ma place?

VOUS   _____(b)

LUI   Bon, alors le train a démarré et après une heure je n'avais toujours pas de couchette. J'étais tellement énervé que finalement j'ai tiré la sonnette d'alarme.

VOUS   _____(c)

LUI   Eh oui! Alors le train s'est arrêté en pleine campagne. Le contrôleur est arrivé. Je lui ai expliqué. Malheureusement il n'a pas compris . . . Il m'a donné une amende de 450 francs.

VOUS   _____(d)

LUI   Et c'est pas fini. Je n'ai toujours pas eu ma couchette. Il l'a laissée à l'autre . . . Qu'est-ce que vous en pensez?

VOUS   _____(e)

RÉVISION

1 Vous venez de passer trois semaines en France chez un ami français. Vous lui envoyez une carte postale où vous lui racontez votre retour en

Grande-Bretagne. Complétez la carte en mettant les verbes entre parenthèses au passé-composé.

> *Cher Sylvain,*
>
> *Un grand merci pour ces trois semaines que j'ai passées chez toi. On s'est bien amusé tous les deux et je (**faire**) beaucoup de progrès en français.*
>
> *Tu ne croiras jamais ce qui m'est arrivé pendant mon voyage de retour! À Dieppe, quelqu'un me (**prendre**) mon portefeuille. Je (**voir**) l'homme mais je ne (**pouvoir**) pas l'attraper. Alors je (**appeler**) la police. Ils me (**demander**) mon passeport. Je le (**chercher**) et tu sais quoi? Je ne l'avais plus! J'avais dû le laisser dans le train!*
>
> *Alors je (**débarquer**) à Newhaven sans argent et sans passeport. Je (**passer**) une heure au poste de police. Mes parents (**devoir**) venir me chercher. Quelle aventure! Heureusement, ça s'est bien terminé.*
>
> *Encore merci pour tout. Bon courage pour tes examens.*
>
> *À bientôt*

2 🗣 Travail à deux:

Mystère

Un homme d'une trentaine d'années a disparu le 3 avril dernier dans le TGV Paris-Marseille. Des témoins l'ont vu monter dans le train de 10h33. Une fois dans le train il a tout simplement disparu en laissant ses affaires derrière lui. Que s'est-il passé?

Comme l'enquête n'avance pas assez vite, vous et votre voisin/e décidez d'établir une fiche commune avec tous les renseignements que vous avez obtenus jusqu'ici. L'un/e d'entre vous consultera la **Fiche 16A**, l'autre la **Fiche 16B**.

ÉCOUTER ET COMPRENDRE 3

📼 *Interview avec Philippe*

Philippe est français. Il passe quelques mois à l'université de Brighton dans le cadre de sa formation d'analyste programmeur. Hubert lui pose des questions sur ses activités et sur ses impressions de l'Angleterre et de Brighton.

1 Écoutez l'interview et corrigez les affirmations qui sont fausses:
  a Philippe est à Brighton depuis six semaines.
  b En Angleterre il fait des études d'anglais et de mathématiques.
  c Philippe étudie à Rouen mais il vient du Havre.
  d Le Havre est à une soixantaine de kilomètres de Rouen.
  e Il a travaillé cinq mois comme vendeur.
  f Ce n'est pas sa première visite à Brighton.
  g Ce qui le surprend, c'est la propreté en Angleterre.
  h Il trouve que les Anglais conduisent lentement.

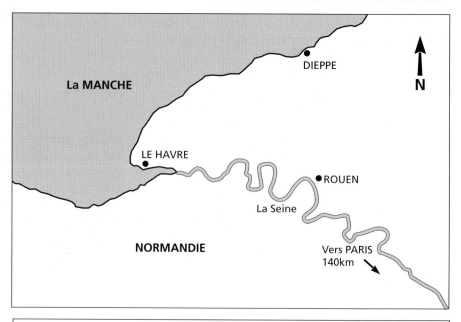

---

le réseau en informatique = *computer networking*
c'est pas évident = *it's not that easy*

---

2 À la fin de l'interview, Philippe parle de ses projets pour l'avenir.
Complétez les phrases suivantes en choisissant l'élément qui convient.
   a Philippe cherchera un emploi:
      i dans une banque **ii** dans l'informatique **iii** dans le commerce
   b Philippe veut travailler:
      i au Havre **ii** en Angleterre **iii** à Rouen

3 Reconstitutez les phrases essentielles de l'interview en faisant
correspondre les deux parties des phrases:
a Depuis quand	**i** du Havre.
b Qu'est-ce que	**ii** de faire trois mois en Angleterre.
c Ce stage nous permet	**iii** pour l'avenir?
d Je suis	**iv** es-tu à Brighton?
e J'ai effectué	**v** pour ton travail!
f Est-ce que tu as des projets	**vi** cinq mois en tant que vendeur.
g Bonne chance	**vii** tu fais ici?

4 Pendant l'interview Hubert a pris des notes. Mais certains mots se sont
effacés. Réécrivez-les en vous aidant des mots encadrés:

---

perfectionner société polis cherchera Rouen sport trois
étudier retournera stage

Philippe fait un _____(a) franco-britannique à Brighton qui lui permet
de_____(b) l'anglais et l'informatique. Le reste du stage se fera à
_____(c). Il a travaillé pour une _____(d) qui s'appelle Decathlon au
Havre et il vendait du matériel de _____(e). Il a visité _____(f) villes
en Angleterre. Il trouve l'Angleterre propre et les Anglais _____(g).
Quand il _____(h) en France il espère se _____(i) dans l'informatique
et il _____(j) du travail sur Le Havre.

Des stagiaires devant le GRETA Rouen-Rive Droite
(GRETA = Groupement d'Établissements, un organisme de formation continue)

PHRASES-CLÉS **3**   *Le parcours professionnel*

Depuis quand es-tu à Brighton?

Je suis à Brighton **depuis** cinq semaines.

Qu'est-ce que tu fais exactement?

Je fais un stage qui me permet de faire trois mois d'études en anglais.

J'étudie **actuellement** à Rouen.

Avant de venir ici, **qu'est-ce que tu faisais?**

Avant j'ai   effectué cinq mois   **en tant que** vendeur.
            fait   **comme**

Est-ce que tu as des projets pour l'avenir?

J'espère me perfectionner   **dans** l'informatique.
Je voudrais travailler

Je chercherai un travail sur Le Havre.

Bonne chance pour ton travail!

ON VA PLUS LOIN

1 Complétez les blancs ci-dessous avec des expressions figurant dans les phrases-clés:

SOPHIE   Depuis combien de temps habites-tu à Londres?

MICHEL   J'habite à Londres _____(a) presque un an.

SOPHIE   Et qu'est-ce que _____ _____(b) exactement?

MICHEL   Je suis inscrit _____(c) à la faculté de droit de l'université de Londres. Je fais un stage _____ _____ _____(d) d'étudier l'anglais et le droit britannique.

SOPHIE   Qu'est-ce que tu faisais avant de venir en Angleterre?

MICHEL   Avant _____ _____(e) six mois comme stagiaire dans un cabinet d'avocats à Bordeaux.

SOPHIE   Et quels sont tes projets pour l'avenir?

MICHEL   J'espère _____ _____(f) dans le droit international pour pouvoir ensuite travailler au parlement européen. Sinon, je _____(g) un travail à Londres.

SOPHIE   Eh bien _____ _____(h) pour ton travail!

2 🗣 Travail à deux: Deux étudiants français font connaissance dans un pub en Grande-Bretagne. Qu'est-ce qu'ils ont en commun? L'un/e d'entre vous consultera la **Fiche 17A** et l'autre la **Fiche 17B**.

LA MÉCANIQUE 2 *The perfect tense with être*

➡ *For overview of tenses, see p. 236*

A OVERVIEW

Hubert **est allé** les chercher à la gare

Vous vous **êtes trompé** de numéro

In **Mécanique 1** (⬅ p. 94) you saw how the perfect tense is made up of the verb *avoir*, followed by the *past participle*. In the examples above, however, the perfect tense is formed with the verb *être*.

aller		se tromper	
Je **suis**	allé(e)	Je **me suis**	trompé(e)
Tu **es**	allé(e)	Tu **t'es**	trompé(e)
Il/On **est**	allé	Il/On **s'est**	trompé
Elle **est**	allée	Elle **s'est**	trompée
Nous **sommes**	allé(e)s	Nous **nous sommes**	trompé(e)s
Vous **êtes**	allé(e)(s)	Vous **vous êtes**	trompé(e)(s)
Ils **sont**	allés	Ils **se sont**	trompés
Elles **sont**	allées	Elles **se sont**	trompées

B VERBS TAKING ÊTRE

A small number of verbs take *être* in the perfect tense. These include:

- all reflexive verbs (← p. 77)
- a number of verbs of motion which fall into groups of opposites (apart from the final pair!), forming the mnemonic ADVENT:

A rriver	partir
D escendre	monter
V enir	aller, retourner
E ntrer	sortir
N aître	mourir
T omber	rester

The past participles for all these verbs are regular (← p. 94), except for

mourir → mort
naître → né
venir → venu

Associated verbs such as remonter, revenir, devenir and rentrer all take *être*.

1 Now find out more about Hubert's past. Put the verbs in brackets into the perfect tense:

Hubert (**naître**) à Sillery, un petit village situé au sud-est de Reims. Il (**aller**) en Angleterre pour la première fois en 1989 pour passer quelques jours chez son correspondant. En 1994 il y (**retourner**) pour faire un stage à l'université de Surrey. Il (**rester**) neuf mois à Guildford puis il (**partir**) en Irlande pour faire un stage de deux mois chez Techinfo, une société qui fabrique des ordinateurs à Dublin. Il (**rentrer**) en France en septembre 1995 pour terminer sa licence.

C AGREEMENT WITH ÊTRE VERBS (→ P. 236)

Cécile est **née** à Marne-la-Vallée
Kate et Hubert se sont **rencontrés** dans le train
Mes lunettes sont **tombées** de mon sac

Past participles of *être* verbs behave like adjectives: they 'agree'. For a feminine singular subject (e.g. Cécile), add **e**. For a masculine plural (e.g. Kate et Hubert – even if there is one male and twenty females, the grammatical gender is still masculine!), add **s**, and for a feminine plural (e.g. mes lunettes), add **es**. Agreement on past participles makes very little difference to pronunciation, so you only need to remember it when you write.

2 Édith's story is retold below in the third person. Put the verbs in brackets into the perfect tense. Some will require **être**, while others require **avoir**.

Édith (**partir**) pour la Gare de l'Est une heure avant le départ de son train. Mais elle (**se tromper**) de bus et elle (**descendre**) à la Gare du Nord. C'est ainsi qu'elle (**arriver**) à la Gare de l'Est en retard. Toute excitée, elle (**oublier**) de composter son billet et elle (**monter**) directement dans le train. Tout d'un coup elle (**se rendre compte**) qu'elle n'avait pas composté son billet. Elle (**aller**) tout de suite trouver le conducteur et elle lui (**expliquer**) la situation. Heureusement, il (**comprendre**) et Édith (**ne pas devoir**) payer d'amende. Cependant, arrivée à Reims, elle (**descendre**) du train très vite et elle (**laisser**) ses lunettes dans le compartiment.

<table>
<tr><td>ÉCOUTER ET
COMPRENDRE **4**</td></tr>
</table>

🔊 *Radio Sans Frontières: Souvenirs de voyage*

Khaniá, Crète: ville historique et centre touristique

Bienvenue encore une fois à *Cacophonie!* Aujourd'hui, Philippe et Cécile invitent leurs auditeurs à raconter leurs souvenirs de voyage. Édith passe à l'antenne pour raconter encore une mésaventure . . . cette fois lors d'un voyage en Crète. Mais d'abord c'est Philippe qui raconte son week-end . . .

1 Écoutez l'émission et choisissez les scénarios qui correspondent aux histoires de Philippe et d'Édith:
  a Philippe a fait la grasse matinée dimanche. Puis, l'après-midi, lui et sa petite amie sont allés à Paris pour assister à un concert. Dans le train, ils ont rencontré d'autres amis.
  b Dimanche Philippe est allé passer la journée à Londres. Dans le Shuttle, il a revu une ex-petite amie, mais il ne lui a pas parlé parce qu'elle était avec quelqu'un d'autre.
  c Philippe a passé le week-end en Angleterre chez des amis. Il y est allé par le Tunnel sous la Manche. Comme il y a eu des retards, son voyage a duré huit heures.

d Édith est allée en vacances en Crète chez un ami. Quand elle a ouvert sa valise, elle s'est rendue compte qu'elle avait oublié son maillot de bain. Elle a dû en acheter un autre, mais elle n'a trouvé qu'un maillot vert pomme, dans lequel elle se sentait ridicule.

e Édith est allée en vacances en Crète chez une amie. Quand elle a ouvert sa valise, elle a vu qu'elle s'était trompée de valise à l'aéroport. Alors elle a dû téléphoner à la propriétaire de la valise pour lui expliquer son erreur.

f Édith est allée en vacances en Crète. À la gare routière de Khaniá, elle a oublié sa valise, mais un chauffeur de taxi a reconnu l'adresse sur la valise et l'a déposée devant son hôtel.

> je n'ai pas osé = *I didn't dare*
> enregistrer ma valise = *to check in my case*
> j'ai fait semblant = *I pretended*

2 Réécoutez l'émission puis reconstituez l'histoire d'Édith en faisant correspondre les deux parties des phrases:

a À l'aéroport d'Iráklion, Édith s'est dépêchée de	**i** son amie grecque.
b À Khaniá, elle a retrouvé	**ii** mais celle d'une touriste anglaise.
c Le lendemain elle a ouvert	**iii** dans un autobus.
d Malheureusement, ce n'était pas sa valise	**iv** prendre sa valise marron.
e Elle a téléphoné	**v** l'a déposée devant l'hôtel de la touriste.
f Elle a mis la valise	**vi** sa valise.
g Le chauffeur	**vii** une nouvelle valise vert pomme.
h Au retour, Édith s'est trouvée	**viii** pour s'excuser.
i Depuis, elle a acheté	**ix** dans la même avion que la touriste anglaise.

3 Ce genre de mésaventure peut avoir une fin heureuse. Hubert vient de recevoir la lettre ci-dessous. Mettez les verbes entre parenthèses au passé composé:

> Mon cher Hubert,
> Je suis en Tunisie depuis une semaine. Il me (**arriver**) une histoire incroyable! À l'aéroport je (**se dépêcher**) de prendre ma valise et je (**sauter**) dans un bus jusqu'à Moknine. Là je (**retrouver**) mon amie Mouna. Chez elle, nous (**parler**) et (**boire**) quelques bières, assises à la terrasse. Le lendemain je (**ouvrir**) ma valise – ce n'était pas la mienne! J'avais pris celle d'un touriste italien. Je lui (**téléphoner**) et je lui (**expliquer**) mon erreur. Puis je lui (**rapporter**) la valise à son hôtel. Il était très gentil, nous (**sympathiser**). Il me (**inviter**) au restaurant... et après nous (**aller**) danser. Depuis, on se voit tous les jours et je (**décider**) de prolonger mes vacances! Je te raconterai la suite bientôt.
> Je t'embrasse.   Corinne

Les voyages

Noms

une amende	*fine*	payer une amende
un billet	*ticket*	composter un billet
le contrôleur	*(ticket) inspector*	Elle est allée trouver le contrôleur
un maillot (de bain)	*swimsuit*	Elle n'avait pas son maillot
les objets trouvés	*lost property*	On téléphonera aux objets trouvés
une place	*(parking) space*	J'ai réussi à trouver une place pour la voiture
la valise	*suitcase*	Tu auras le temps de défaire tes valises

Verbes

se baigner	*to go swimming*	Elle ne pouvait pas se baigner
composter	*to date stamp*	J'ai oublié de composter mon billet
conduire	*to drive*	Moi, je conduis . . .
se dépêcher de	*to hurry (to do something)*	Elle s'est dépêchée de prendre sa valise
descendre de	*to get off*	Elle est descendue du train
oublier	*to forget*	J'ai oublié de composter mon billet
se passer	*to happen*	Qu'est-ce qui s'est passé?
perdre	*to lose*	J'ai perdu mes lunettes
raconter	*to tell (a story)*	Édith va vous raconter
se rendre compte	*to realise*	Elle s'est rendue compte que . . .
rendre visite à (quelqu'un)	*to go and see*	Il est allé rendre visite à des amis . . .
retrouver (quelqu'un)	*to meet up with someone*	J'ai retrouvé Kate
revoir	*to see again*	Elle est contente de te revoir
tomber	*to fall*	Elle sont tombées de mon sac
visiter	*to visit (a town, a museum)*	J'ai visité trois villes

Adjectifs

affreux (affreuse)	*horrible*	C'est affreux!
content(e)	*pleased*	Elle est contente de te revoir

Adverbes

en retard	*late*	Elle est arrivée en retard
heureusement	*fortunately*	Heureusement il a compris
malheureusement	*unfortunately*	
tout d'un coup	*suddenly*	Tout d'un coup je me suis rendue compte
trop vite	*too quickly*	Elle est descendue trop vite

Expressions

Ça s'est bien terminé	*It was alright in the end*
Vous avez fait bon voyage?	*Did you have a good journey?*
Tu as eu de la chance!	*You were lucky!*
Quel cauchemar!	*What a nightmare!*
Quel soulagement!	*What a relief!*
Viens t'asseoir	*Come and sit down*

Le parcours professionnel

Noms

l'avenir (*m*)	*future*	Est-ce que tu as des projets pour l'avenir?
un projet	*project, plan*	
une société	*firm*	une société qui s'appelle Décathlon
un vendeur/vendeuse	*sales assistant*	J'ai effectué cinq mois en tant que vendeur

Verbes

chercher un travail	*to look for a job*	Je chercherai un travail sur le Havre
effectuer	*to do, to undertake*	J'ai effectué cinq mois en tant que vendeur
se perfectionner (en/dans)	*to improve*	J'espère me perfectionner dans le domaine de l'informatique

Adverbe

actuellement	*at present*	J'étudie actuellement à Rouen

Expression

Bonne chance pour ton travail	*Good luck for your work*

BILAN

1 You go and meet a French friend at the station. Think of two things you could say – apart from *Bonjour!* – when you first see him/her.

2 Your brother Edward comes with you. How would you introduce him to your friend?

3 Your friend tells you: '*Le voyage a été affreux*'. What could you reply?

4 How would you respond in conversation to the following?
   a Je viens de perdre toutes mes cartes de crédit
   b J'ai réussi mon permis de conduire
   c Quel est ton philosophe préféré? Sartre ou Camus?

5 Here's a summary of what happened to Édith on the way to Reims. But there's something wrong with every verb. Find the mistakes and correct them.

   À Paris, je n'ai trouvé pas de taxi. J'ai arrivé en retard à la gare. J'ai attraper mon train de justesse, mais je suis pas composté mon billet. J'ai allé trouver le contrôleur, j'ai lui expliqué et heureusement il compris. J'ai payé pas d'amende.

6 Think of at least three questions you could ask a French student you meet for the first time on your campus.

7 Answer the questions replacing the underlined words by a pronoun:
   • Édith a oublié <u>son maillot</u>?   *Non, elle ne l'a pas oublié.*

   a Tu as vu <u>Hubert</u> ce matin?   *Non . . .*
   b Kate a téléphoné <u>à Cécile et à Philippe</u>?   *Non . . .*

    c Édith a acheté <u>les journaux</u>?   *Non ...*

    d Est-ce que Dominique a rencontré <u>Kate</u>?   *Oui ...*

    e Tu as composté <u>ton billet</u>?   *Oui ...*

    f Tu as expliqué <u>au contrôleur</u>?   *Oui ...*

8 A French friend asks you: *'Tu as passé un bon week-end?'* Write out your reply. Mention at least five different things you did.

9 Can you remember the main verbs which take **être** in the perfect tense?

    A   Arriver   ......

    D   ......   monter

    V   Venir   ......

    E   ......   sortir

    N   Naître   mourir

    T   Tomber   ......

10 Write answers in French to the following questions:

    a Qu'est-ce que vous faites actuellement?

    b Est-ce que vous avez déjà une expérience professionnelle?

    c Quels sont vos projets pour l'avenir?

7 LE PASSÉ ET LE PRÉSENT

unité

LA SITUATION

Kate est maintenant à Reims depuis une semaine et les cours vont bientôt commencer. Elle profite de ces quelques jours de liberté pour faire, en compagnie d'Hubert, la découverte de Reims et de sa riche histoire.

Hubert va lui aussi bientôt reprendre les cours. En attendant il sort souvent avec Kate et travaille à mi-temps à *Radio Sans Frontières* où il présente le flash-infos avec Philippe, l'animateur de *Cacophonie*.

LIRE ET COMPRENDRE 1

Extraits de guides touristiques

Renseignez-vous sur Reims en parcourant ces extraits de guides touristiques.

Reims, ville d'accueil
À New York comme à Tokyo, à Oslo comme à Dakar, le nom de Reims évoque le champagne – ce vin prestigieux, universellement goûté et apprécié – et une cathédrale mondialement admirée vers laquelle convergent chaque année des milliers et des milliers d'hommes et de femmes.

Reims, les Fêtes Johanniques
Chaque année au mois de juin Reims en fête se replonge au 15ème siècle pour célébrer Jeanne d'Arc, notre héroïne nationale. Jeanne, qui fit sacrer le Roi Charles VII à Reims. Jeanne qui mena bataille pour libérer la France, ravagée par l'invasion anglaise. Jeanne est entrée dans l'histoire.

REIMS*** À voir . . .
Δ   La longue place d'Erlon, entourée de rues piétonnnes et bordée de cafés, restaurants, cinémas ou galeries couvertes, est le centre de toute l'animation de la ville.
Δ   La Cathédrale***. Elle occupe 6 650m^2 et s'élève à 81,50m. Sa longeur est de 149m., la nef mesurant 138,69 m. Commencée en 1211 et terminée pour l'essentiel un siècle plus tard, elle saisit par l'élégance de ses proportions. . .

Reims, la Reconstruction: 1920-1930
Quatre années en première ligne sur le front, de septembre 1914 à octobre 1918, ont fortement affecté la ville de Reims.
Sur les 14 150 maisons qui existaient à Reims avant la guerre, 60 seulement sont immédiatement habitables en novembre 1918.
35 édifices publics sont détruits et 118, y compris la Cathédrale, ont subi de gros dégâts. Les travaux de restauration ne sont pas encore achevés.

Reims, un Carrefour Européen
La ville de Reims a la vocation d'être un Carrefour Européen. C'est une ville dynamique à la croisée des autoroutes A4 et A26, à 1h15 de l'aéroport de Roissy. À terme, le TGV mettra Reims à 40 minutes de Paris.

Reims, pôle universitaire
27 300 étudiants sont répartis en 7 UFR (unités de formation et de recherche), l'Institut Universitaire de Technologie, une École Supérieure d'Ingénieurs en Emballage et Conditionnement, et une École Supérieure de Commerce.

Maintenant complétez les phrases ci-dessous.
a La ville de Reims est connue pour deux choses: le _____ et la _____.
b Reims a subi de gros dégâts pendant la première _____ _____.
c La cathédrale de Reims a été construite au _____ siècle.
d Pour trouver des bars, des cafés et des restaurants, il faut aller à la _____ _____.
e La France a connu une invasion anglaise au _____ siècle.
f L'héroïne nationale associée à la ville de Reims, c'est _____.
g Le nombre d'étudiants à Reims s'élève à _____.
h Il faut _____ pour aller en voiture de l'aéroport de Roissy à Reims.
i Bientôt en TGV il faudra _____ _____ pour gagner Paris.

ÉCOUTER ET COMPRENDRE 1

Visite guidée de Reims

Hubert propose à Kate de lui faire une visite guidée de Reims. Ils commencent par la visite de la Cathédrale de Reims.

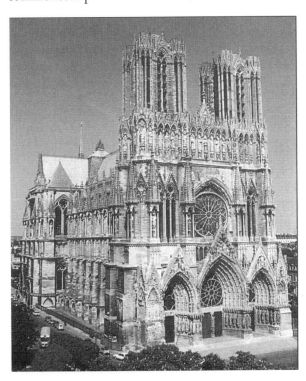

1 Écoutez Hubert une première fois. Cochez dans la liste ci-dessous les
   différents sujets qu'il aborde:
   a la cathédrale de Chartres   **g** l'Ange au sourire
   b Jeanne d'Arc   **h** la première guerre mondiale
   c les fêtes Johanniques   **i** l'université de Reims
   d le roi Charles VII   **j** les travaux de restauration dans la ville
   e l'occupation anglaise   **k** la place d'Erlon
   f le champagne   **l** le TGV

2 Indiquez si les affirmations suivantes sont vraies ou fausses: corrigez
   celles qui sont fausses:
   a La cathédrale de Reims a été construite au treizième siècle.
   b Au début du quinzième siècle, le Nord de la France était occupé par les
         Anglais.
   c 'L'Ange au sourire', c'est le nom d'un café.
   d Kate a l'air de beaucoup s'intéresser à l'histoire de Reims.
   e La place d'Erlon est aujourd'hui une zone piétonne.
   f Avant, il y avait beaucoup d'embouteillages.

3 Reconstituez les phrases d'Hubert en faisant correspondre les deux
   parties des phrases:
   a Je te propose de faire   **i**   aller boire quelque chose?
   b Nous voici   **ii**   le tour de la ville.
   c Je vais te montrer   **iii** devant la cathédrale.
   d Tu veux   **iv**   à mon café préféré.
   e On est arrivé   **v**   la célèbre statue.

4 Vérifiez le sens des mots encadrés. Utilisez-les pour remplir les blancs.

> animée théâtre cinémas embouteillages pollution travaux contents
> nocturnes bruit clients ouverts se promènent

Les transformations de la place d'Erlon

Avant il y avait toujours des _____(a), on ne pouvait pas respirer à cause de la _____(b), alors la ville de Reims a fait des _____(c). Tu sais les commerçants n'étaient pas du tout _____(d) parce que le _____ (e) des travaux décourageait les _____ (f), mais depuis que la place est terminée, c'est devenu le cœur de Reims . . . le soir les cafés sont _____(g), les gens _____(h), il y a le _____(i) à côté, deux _____(j) là-bas et les magasins font souvent des _____(k), . . . ce qui fait que la place est beaucoup plus _____(l) qu'avant.

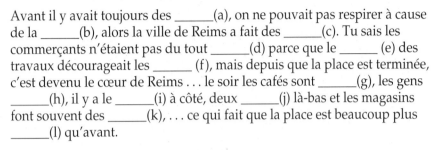

PHRASES-CLÉS 1

Visiter

Proposer	**Je te propose de** faire le tour de la ville. **Tu veux** aller boire quelque chose?
Expliquer où l'on est	**Nous voici devant** la cathédrale. **Voilà, nous y sommes . . .** **On est arrivé à** mon café préféré.
Indiquer	**Je vais te montrer** la célèbre statue. **Comme tu vois**, c'est maintenant une zone piétonne. **Regarde là** . . . ils sont en train de restaurer une partie de la façade.
Parler du passé	Les cathédrales . . . **ont été construites** au treizième siècle. Reims **à l'époque était** la ville où . . . Reims **a été** très sévèrement **bombardée** pendant la guerre. La place . . . **a été aménagée** tout récemment.
Comparer avec le présent	**Avant . . . il y avait** beaucoup de voitures. **C'est maintenant** une zone piétonne. La place **est** beaucoup **plus animée qu'**avant.

ON VA PLUS LOIN

1 À Londres, vous faites visiter un/e ami/e français/e. Remplissez les blancs avec des expressions figurant ci-dessus.

Je ____ ____ ____ ____ ____ ____(a) du quartier de *Covent Garden*.
Comme _____ _____(b), c'est aujourd'hui une zone _____(c). Cette
place a été _____(d) au début des années 80 et on a restauré les pavillons
de l'ancien marché pour en faire une galerie marchande. Maintenant le
quartier est beaucoup _____ _____(e) qu'avant. Super! _____ _____
_____(f) à mon pub préféré *The Nag's Head*. _____ _____(g) boire
quelque chose? Après nous irons voir *Parliament Square*.

_____ _____(h) devant les *Houses of Parliament*. Il faut dire que le Palais
de Westminster est d'une construction assez récente. Il _____ _____
_____(i) en 1852. Pendant la deuxième guerre mondiale, ce quartier a été
sévèrement _____(j) et la Chambre des Communes a été détruite. Elle
_____ _____(k) reconstruite en 1950.

Covent Garden

2 Préparez un commentaire sur un monument que vous connaissez bien.

LA MÉCANIQUE 1 *The imperfect tense*   ➡ *For an overview of tenses, see p. 236*

A THE PERFECT AND THE IMPERFECT TENSES

Perfect tense
> Les cathédrales **ont été** construites au treizième siècle.
> La place d'Erlon **a été** aménagée tout récemment.

Imperfect tense
> Reims à l'époque **était** la ville où l'on **sacrait** les rois de France.
> Avant, il y **avait** beaucoup de voitures, on ne **pouvait** pas respirer, les
> commerçants n'**étaient** pas contents.

Hubert uses two different tenses for talking about the past: the **perfect tense** or **passé composé** (← unit 6) and the **imperfect tense** or **imparfait**. The **perfect** refers to *events* which took place at a specific moment in the past. It tends to refer to actions, rather than descriptions. The **imperfect** describes what was happening in the *background* or how things used to be in the past.

1 Choose the correct tense in the sentences below:
   a L'année dernière, **je suis allé/j'allais** en France.
   b Autrefois, Paris **a été/était** très polluée.
   c Ce matin, le personnel d'Air-Charter **a annoncé/annonçait** une grève.
   d Quand j'étais enfant, **j'ai eu/avais** les cheveux longs.
   e Il y a dix ans, un billet d'avion Londres–Paris **coûtait/a coûté** environ 500F.
   f Tu **as vu/voyais** le film hier soir à la télévision?

B USING THE IMPERFECT TENSE
To form the imperfect, take the *nous* form of the present tense and change the endings as follows:

Nous	**travaill**-ons	**finiss**-ons	**vend**-ons
Je	travaill-**ais**	finiss-**ais**	vend-**ais**
Tu	travaill-**ais**	finiss-**ais**	vend-**ais**
Il/Elle/On	travaill-**ait**	finiss-**ait**	vend-**ait**
Nous	travaill-**ions**	finiss-**ions**	vend-**ions**
Vous	travaill-**iez**	finiss-**iez**	vend-**iez**
Ils/Elles	travaill-**aient**	finiss-**aient**	vend-**aient**

2 The following sentences compare past and present. Fill in the gaps with the imperfect tense of the verb in bold:
   a Autrefois il y _____ beaucoup de mines en France; aujourd'hui, il y en **a** seulement deux.
   b Il y a vingt ans le train _____ 3h pour aller de Paris à Reims; aujourd'hui il **met** seulement 1h30.
   c En 1975, la population de Reims _____ de 178 000 habitants; aujourd'hui, elle **est** de 185 000.
   d En 1975, le chômage _____ 3,3% de la population active en Champagne-Ardenne; aujourd'hui elle en **touche** plus de 10%.
   e En 1970, on _____ 100 millions de bouteilles de champagne par an; aujourd'hui on en **exporte** 229 millions.

3 In the text below, Philippe Jomain (← unit 6) describes his working day when he used to work in the sports shop *Décathlon* in Le Havre. Put all the verbs in brackets into the imperfect:

Au Havre, je (**travailler**) dans un magasin qui s'appelle *Décathlon*. Je (**être**) vendeur d'articles de sport. Alors, le matin je (**se lever**) à 7h, je (**prendre**) le bus à 7h30, et je (**arriver**) au magasin vers 8h. Quelquefois le bus (**être**) en retard ... mais mon patron (**être**) très sympa et ne me (**faire**) jamais de reproches. Donc, après un premier café, je (**se mettre**) au travail, je (**vérifier**) les stocks et puis à 8h30 on (**ouvrir**) le magasin au public. En semaine, il n'y (**avoir**) pas beaucoup de monde mais le weekend, on (**travailler**) dur. Souvent on ne (**avoir**) pas le temps de manger à midi … alors le samedi soir, je (**rentrer**) à la maison complètement épuisé. Depuis que je suis étudiant, ma vie a changé … Je ne travaille plus le weekend. C'est formidable!

STRATÉGIES   *Reading the press and vocabulary guesswork*

Reading newspapers and magazines in French will help you build up your vocabulary, as well as give you some insight into current affairs in francophone countries. News in the French press is presented in much the same way as in the English press and you'll probably be able to guess many of the words in an article. Here are some ideas for making sense of newspaper articles in French:

• Start by looking at any photographs or illustrations to get a general idea of what an article is about.

• Skim read the article first: try to get the gist.
• Underline any figures and proper nouns, in particular names and places.
• These will give you a skeleton of the events being reported. Then go back to the text to try and flesh out the story.
• Use guesswork to help you understand new expressions. Use your dictionary sparingly.

There's an opportunity below to try out some of these strategies.

LIRE ET COMPRENDRE **2**   *Articles de journaux*

1 Associez chaque photo à un des gros titres ci-dessous:

a

AGRESSION
Une famille française victime
des gangs de Miami

b **COMMERCE**
Achats sur petit écran 24 heures sur 24

d <u>TRAFIC **AÉRIEN**</u>
La concurrence est payante sur la
ligne Paris–Bordeaux

c

INFORMATIQUE
IBM supprime 50 000 emplois

A

C

D

B

2 Parcourez les articles ci-contre et attribuez à chacun l'un des gros titres à la page 116.

3 Sélectionnez l'article qui intéresserait tout particulièrement les personnes suivantes. Puis notez en quoi l'information est positive ou négative.
  a un employé d'IBM
  b un étudiant qui fait ses études à Paris, mais dont les parents vivent à Bordeaux
  c un touriste français qui vient de réserver une semaine de vacances à Miami
  d une personne très pressée qui n'a jamais le temps de faire les courses

4 Trouvez dans les articles l'équivalent en français des expressions suivantes:
  a the world leader in computing
  b job losses
  c (computer) chips
  d a credit card
  e do-it-yourself
  f a new TV channel
  g the attack took place
  h a rented car
  i a famous theme park
  j they were lucky
  k the competition
  l an increase
  m a price cut
  n a reduction
  o journeys by TGV

5 Sans consulter de dictionnaire, traduisez les phrases suivantes en anglais:
  a Les réductions d'effectifs dans l'Hexagone n'ont pas encore été chiffrées (article 1)
    What is IBM going to reduce? So what could 'effectifs' mean?
    Which country has a hexagonal shape?
    If you know what 'chiffre' means, you can guess what 'n'ont pas encore été chiffré' means.
  b au volant (article 3)
    Where was Georges Baillet sitting?
  c un des agresseurs dégaine un pistolet et tire dans la vitre du conducteur (article 3)
    What did one of the attackers do with a pistol?
    What part of the car is la 'vitre du conducteur'?
  d un des agresseurs s'empare des dollars (article 3)
    If you understand 'agresseurs' and 'dollars', you can guess 's'empare'.
  e la concurrence est payante (article 4)
    'Payante' can't mean paying here. Is there an English expression with the verb 'pay' that would make sense here?

1

IBM, numéro un mondial de l'informatique, a annoncé hier une nouvelle vague de suppressions d'emplois qui devrait toucher 50 000 personnes dans le monde entier. Plusieurs sites en France pourraient être concernés.

IBM dans notre pays représentait 18 500 emplois en 1992 alors que l'on en comptait 20 750 en 1991. Sur notre territoire IBM dispose de deux sites de production - à Montpellier où sont réalisés les grands systèmes informatiques pour l'Europe, et à Corbeil-Essonnes où sont fabriquées les puces. Le numéro un mondial de l'informatique possède également un laboratoire à La Gaude, près de Nice. Les réductions d'effectifs dans l'Hexagone n'ont pas encore été chiffrées.

Le Parisien

2

Depuis le 1er octobre, le télé-achat envahit la Grande-Bretagne

De leur sofa, une carte de crédit dans une main, un téléphone dans l'autre, les Britanniques et les Irlandais peuvent désormais acheter deux mille produits grâce à une nouvelle chaîne de télévision. Les objets à vendre vont des bijoux aux appareils de cuisine, en passant par le bricolage et les vêtements. Diffusée par satellite et par le câble dans 3 500 000 foyers, la chaîne QVC est lancée par le magnat de la presse américaine, Rupert Murdoch. La chaîne couvrira dans les mois à venir le reste du continent européen où chaque pays aura un programme dans sa langue.

Le Parisien

3

Ils cherchaient "la jungle aux perroquets" mais c'est dans la jungle des ghettos de Miami que la malheureuse famille Baillet s'est retrouvée mardi.

C'est le matin, vers 11h30 que l'agression a eu lieu. George Baillet, quarante-neuf ans, est au volant d'une voiture de location. Sa femme, Danielle, quarante-huit ans, est à côté de lui. Leurs fils, Christophe, vingt et un ans, et Patrick, dix-sept ans, sont à l'arrière. Ils recherchent "la jungle aux perroquets", un célèbre parc d'attractions, mais ils se perdent en route. George décide de faire demi-tour. Une Honda Accord qui les suivait depuis un moment bloque leur voiture. Trois jeunes bondissent du véhicule. Les Baillet ont juste le temps de fermer les portes à clef, mais un des agresseurs dégaine un pistolet et tire dans la vitre du conducteur. Par miracle, la balle ira se loger dans le tableau de bord. Un des agresseurs s'empare des dollars que Georges a placés dans la pochette de sa chemise, et un autre saisit le sac à main de Danielle. L'agression s'est déroulée en quelques secondes. La famille a perdu plusieurs centaines de dollars, mais personne n'est blessé. Ils ont eu de la chance!

Le Parisien

4

Aucun doute: la concurrence entre Air Inter et Air Liberté sur la ligne Paris-Bordeaux a été payante.

Pendant le mois de juin, plus de 750 clients de plus par jour ont emprunté cette ligne, soit une augmentation de 17%. Ces bons résultats s'expliquent sans doute par la guerre des tarifs: pendant deux semaines Air Liberté a proposé un billet aller-retour promotionnel de 340F, tandis que Air-Inter a offert 100F de rabais sur chaque aller-simple.

La SNCF annonce également une augmentation du trafic sur la ligne Paris-Bordeaux et offre une baisse de 7% sur les prix des trajets TGV entre Paris et le Sud-Ouest.

Sud Ouest

1 Kate explique comment sa vie actuelle en France est différente de sa vie en Angleterre. Mettez les verbes entre parenthèses soit au **présent** (là où Kate parle de sa vie actuelle) soit à **l'imparfait** (là où Kate parle de sa vie en Angleterre).

En France, je (**avoir**) moins d'amis, ce qui fait que je (**sortir**) moins. À Brighton, je (**sortir**) presque tous les soirs. Ce (**être**) trop! En France, je (**devoir**) me lever plus tôt pour aller en cours, parce qu'ici les cours (**commencer**) à 8h. À Brighton, les cours ne (**commencer**) jamais avant 9h30 . . . alors je (**se lever**) plus tard. D'ailleurs, en Angleterre je (**avoir**) une voiture. Ici je (**prendre**) le bus pour aller à la fac, alors il faut plus de temps . . . Ce que je (**aimer**) beaucoup en France, ce sont les marchés du samedi matin. Je (**faire**) souvent mes courses au marché, place du Boulingrin. En Angleterre, je (**faire**) mes courses au supermarché, une fois par semaine. Ce (**être**) moins agréable. En France, je (**adorer**) les cafés – à Brighton, je (**aller**) souvent au pub pour prendre un verre avec mes amis, mais je crois que je préfère les cafés . . . il y a plus d'ambiance!

2 a Regardez et décrivez la photo. Que fait cet homme dans la vie? Où habite-t-il, à votre avis?

Les bons filons de la montagne

Au cœur des Pyrénées, ils ont trouvé du travail pour six. Leur créneau: les produits de la ferme et le tourisme.

Zone rurale par excellence, donc touchée plus que d'autres par le chômage, la montagne pyrénéenne tente de s'en sortir. Les premiers succès arrivent.

"Il y a six ans, j'étais conseiller agricole. Je travaillais dans la plaine, au pied des Pyrénées. Mon avenir professionnel était sombre." Marié, père de deux enfants, Philippe Lacan décide alors de se tourner vers la montagne. Là haut, il en est sûr, "il y a du travail pour les courageux." Il part s'installer au-dessus de Massat, dans l'Ariège. Trois copains le rejoignent, puis deux autres.

Dans un coin de la ferme, Philippe et ses amis installent une auberge.

L'été, ils affichent tous les jours complet. Chez eux, on mange des produits locaux. "Les clients en partant nous en achètent. De retour chez eux, ils nous en commandent." Dans les alpages, l'été, il y a leur troupeau. Une vingtaine de vaches. À tour de rôle, les nouveaux montagnards se transforment en guide et amènent des groupes de randonneurs à la rencontre des animaux.

"Nous sommes six à vivre de ce système," dit fièrement Philippe. "Au départ, aucun d'entre nous n'était agriculteur. Et pourtant, aujourd'hui, nous nous en sortons mieux ici que dans la plaine. En bas, je gagnais un peu plus de 6 000F. Maintenant, j'ai plus de 8 000F et je n'ai pas peur de l'avenir. Dans la montagne, il y a encore de la place pour les travailleurs!"

Toulouse
Nicolas Fichet

b Lisez l'article qui raconte comment la vie de Philippe Lacan a changé en six ans. Complétez la grille:

Il y a six ans	Maintenant
Que faisait Philippe?	Que fait Philippe?
Où?	Où?
Son salaire:	Son salaire:
Son attitude envers l'avenir:	Son attitude envers l'avenir:

   c Notez les cinq exemples de verbes à l'imparfait.

   d Choisissez la bonne traduction pour les expressions suivantes:

      i s'en sortir   *to go away/to cope/to get worse*

      ii afficher complet   *to be fully booked/to finish a project/to demonstrate*

      iii des groupes de randonneurs *skiers/walkers/farmers*

   e 🗣 'Dans la montagne il y a encore de la place pour les travailleurs!' Aimeriez-vous travailler en montagne comme Philippe? Pourquoi? Pourquoi pas? Discutez-en avec d'autres étudiants.

ÉCOUTER ET COMPRENDRE 2

📼 *Radio Sans Frontières: Flash-infos*

> French radio is another useful source of language input that you can access outside of France. As usual, don't expect to understand every word you hear immediately. Try first to get the gist. In news bulletins, headlines are given at the beginning and then each item is developed later in the programme, so there's quite a lot of repetition to help you understand.

1 Avant d'écouter le flash, vérifiez le sens des expressions encadrées.

> de nouvelles mesures nuageux Air-Liberté pluvieux
> Paris–Bordeaux 58 000 personnel navigant d'Air France
> les prisons françaises 30% le ministre de la santé Air-Inter
> la surconsommation billets moins chers
> l'allongement des peines vols annulés

2 Écoutez le sommaire du flash. Faites correspondre les mots encadrés aux cinq sujets:

1	La grève	
2	La concurrence	
3	La surpopulation	
4	Les tranquillisants	
5	La météo	

3 Puis écoutez *toute l'émission* et développez vos réponses pour chaque sujet.

> assurer la liaison entre … = *to run between …*
> une guerre acharnée des prix = *a fierce price war*
> le parc immobilier carcéral = *prison buildings*
> se sentir déconsidéré = *to feel discredited*

4 Réécoutez tout le flash et répondez aux questions suivantes:

Sujet 1
a Qui fait grève et pourquoi?
b Quel numéro faut-il appeler si vous prenez un vol Air-France?

Sujet 2
c Pourquoi 'les choses s'annoncent bien pour le voyageur vers le Sud-Ouest'?
d Pour un étudiant, quel est le prix le moins cher d'un billet d'avion Paris–Bordeaux?

Sujet 3
e Combien de détenus y a-t-il dans les prisons françaises?
f Quelle est la cause principale de la surpopulation dans les prisons?
g Quel est le séjour moyen d'un détenu?
h Combien le gouvernement va-t-il investir pour restaurer les prisons?

Sujet 4
i Que propose de faire le ministre de la santé pour lutter contre la surconsommation de tranquillisants?
j Pourquoi cette mesure risque-t-elle d'entraîner un accroissement des consultations médicales?

Sujet 5
k Quels temps fera-t-il aujourd'hui?
  i à Biarritz
  ii à Cherbourg

5 Vérifiez le sens des mots encadrés, tous employés dans le flash. Puis utilisez-les pour remplir les blancs ci-dessous:

> baisse nuageux drogue durée disponibles suppressions annulés billet aller–retour lutter proteste somnifères détenus

a À cause de la grève à Air France, 30% des vols au départ de Paris risquent d'être _____. Le personnel _____ contre les _____ d'emplois.
b Air Liberté a proposé pendant deux semaines un _____ _____ promotionnel.
c Il y a trop de _____ dans les prisons françaises et pas suffisamment de places _____.
d Le problème c'est que la _____ des peines s'est allongée. Il y aujourd'hui plus de condamnations pour trafic de _____ et délinquance.
e Les Français sont parmi les plus gros consommateurs de tranquillisants et de _____. Le gouvernement veut _____ contre les excès en limitant la durée des prescriptions.
f Le temps partout en France sera _____ et pluvieux et les températures seront en légère _____.

6 Écoutez encore une fois le flash-infos. Identifiez entre 10 et 15 expressions que vous voulez retenir.

Parler chiffres

compter	IBM **compte** 255 000 employés.
disposer de	IBM **dispose de** deux sites de production.
être de	Le séjour moyen **est de** 7 mois.
représenter	IBM dans notre pays **représentait** 18 500 emplois.
s'allonger	... des peines qui **s'allongent**
atteindre	La population carcérale **atteint** le record de 58 000.
augmenter	Le trafic SNCF a également **augmenté** (**de** 9%).
doubler	Le nombre de détenus a presque **doublé**.
progresser	Le nombre de voyageurs a **progressé de** 16%.
un allongement	**L'allongement** de la durée des peines ...
une augmentation	Une **augmentation de** 16% sur le nombre de voyageurs ...
une hausse	La **hausse** des prix.
diminuer	L'inflation a **diminué**.
réduire	La SNCF a **réduit** ses prix.
une baisse	Les températures seront en légère **baisse**.
une réduction	Les **réductions** d'effectifs ...

ON VA PLUS LOIN

1 Remplissez les blancs à partir des expressions ci-dessus:

Air Charter en difficulté
La société Air Charter _____(a) 1 000 employés. Elle _____(b) de 5 avions et _____(c) 750 emplois dans la région parisienne. Frappée par la crise et la concurrence, la compagnie aérienne a dû _____(d) son effectif de 15% en 1994. Ces dernières années il y a eu une _____(e) généralisée des prix des billets d'avion: une bonne nouvelle pour les passagers, mais une catastrophe pour les petites compagnies aériennes. Cependant Air Charter a constaté récemment une _____(f) dans le nombre de jeunes prenant l'avion, progressant de 10 000 en 1993 à 15 000 en 1995, sans doute grâce aux nouveau tarif étudiant que la compagnie a lancé en juin 1994.

2 🕮 Travail à deux: Entraînez-vous à présenter des chiffres. L'un/e d'entre vous consultera la **Fiche 18A** et l'autre la **Fiche 18B**.

LA MÉCANIQUE 2   *Making comparisons*

A PLUS/MOINS . . . QUE

une information **plus** optimiste
la Tamise est **plus** polluée **que** la Seine
des vols nettement **moins** chers

1   Write sentences comparing the following:

   a Population:
   Londres = 2 350 000 habitants   Paris = 2 152 000 habitants

   b Prix du billet Paris–Bordeaux:
   Air Liberté = 490F   Air Inter = 650F

   c Vacances scolaires:
   France = 17 semaines   Angleterre = 12 semaines

   d Nombre d'étudiants:
   Angleterre = 0,7 million   France = 2,2 million

B LE PLUS/LE MOINS

Actuellement, l'aller–retour **le moins cher** est de 490F.
Les Français sont parmi **les plus gros** consommateurs . . .

If you want to talk about *the most* or *the least* you simply add **le/la/les** in front
of **plus** or **moins**, depending on what you're describing: *consommateurs* →
les plus gros *consommateurs*.

2   Choose **le/la/les** to fill in the gaps:
   a Les Anglais sont _____ plus gros mangeurs de hamburgers en
   Europe.
   b Bruxelles, c'est la ville européenne avec _____ plus grand nombre de
   pharmacies.
   c C'est en Grèce qu'on trouve les prix _____ moins élevés dans les
   restaurants.
   d Paris est sans doute la ville européenne _____ plus stimulante du
   point de vue culture.

C LE MIEUX/LE MEILLEUR

Quelle est la ville où l'on vit **le mieux** en Europe?

To talk about 'the best', you use **le mieux** or **le/la/les meilleur/e/s**. The
choice of **mieux** or **meilleur** depends on whether 'best' is an *adverb* (i.e.
relates to a verb) or an *adjective* (i.e. relates to a *noun*).

le mieux (= an adverb: it doesn't 'agree')	Quelle est la ville où l'on *vit* **le mieux**?
le meilleur (= an adjective: it 'agrees')	Quelle est **la meilleure** *solution*?

3 Choose **mieux** or the appropriate form of **meilleur**:
   a Les _____ vins ne sont pas toujours les plus chers.
   b Hubert et Kate ont tous deux étudié l'espagnol, mais c'est Hubert qui parle le _____.
   c À votre avis, quel est le _____ dictionnaire?
   d Qui joue le _____: Paris St. Germain ou Marseille?

D CONTRE, PAR RAPPORT À, TANDIS QUE, ALORS QUE

Trop de détenus **par rapport** aux places disponibles.
Le séjour moyen est de 7 mois **contre** 4,5 mois il y a quinze ans.

IBM représentait 18 500 emplois fin 1992 **alors que** l'on en comptait 20 750 en 1991.
Air Liberté a proposé un billet de 340F **tandis qu'** Air Inter a offert un rabais de 100F.

When you are comparing figures or situations, you will often need to link the two parts of your comparison. To do this, you can use:

contre **par rapport à**	**+ noun phrase**	**tandis que** **alors que**	**+ verb phrase**

4 Fill in the gaps with one of the above:
   a Le taux de réussite au bac est actuellement de 76%, _____ 60% en 1970.
   b Air Inter a décidé de baisser ses prix _____ Air Charter a dû augmenter les siens.
   c En Angleterre les magasins ferment vers 17h30 _____ en France, ils restent ouverts jusqu'à 19h.
   d Les Anglais ont tendance à prendre moins de vacances _____ aux autres Européens.

ÉCOUTER ET
COMPRENDRE 3

🔲 *Radio Sans Frontières: Les villes européennes*

Cette édition de *Cacophonie* est consacrée à un jeu sur les grandes villes européennes. Deux invités doivent répondre aux questions ci-dessous.

1 Avant d'écouter l'émission, devinez les réponses aux questions:
   a À votre avis, quelle est la ville où l'on se sent le plus en sécurité?
      i Berlin   ii Birmingham   iii Luxembourg
   b Quelle est la ville où l'on vit le mieux du point de vue santé?
      i Londres   ii Paris   iii Bruxelles
   c Quelle est la ville qui vient en tête en Europe pour ce qui est des transports en commun?
      i Amsterdam   ii Londres   iii Berlin
   d Quelle est la ville la plus stimulante intellectuellement et physiquement?
      i Londres   ii Barcelone   iii Rome

    e Quelle est la ville où l'on irait passer des vacances si on n'avait pas beaucoup d'argent?
        i Lisbonne   **ii** Oslo   **iii** Glasgow
    f Quelle est la ville où l'on vit le mieux en Europe?
        i Rotterdam   **ii** Copenhague   **iii** Paris

2 Maintenant écoutez l'émission et cochez la bonne réponse pour chaque question.

---

un cambriolage = *a break-in*
détenir le record = *to hold the record*
atterrir = *to land*
décoller = *to take off*

---

3 Réécoutez l'émission et répondez aux questions suivantes:
    a Si on cherche une vie de calme et de sécurité, pourquoi faut-il éviter Berlin et Birmingham?
    b Dans quelle ville faut-il vivre si on est hypocondriaque?
    c Si l'on aime les musées, où faut-il vivre?

PIÈCES DÉTACHÉES

La ville et son histoire

Noms

un embouteillage	*traffic jam*	Il y avait toujours des embouteillages
la guerre	*war*	Pendant la première guerre mondiale …
une nocturne	*late closing*	Les magasins font souvent des nocturnes
une rue piétonne	*pedestrianised street*	La place d'Erlon, entourée de rues piétonnes …
une zone piétonne	*pedestrianised area*	C'est maintenant une zone piétonne
les travaux	*building works*	Ils ont fait des travaux

Verbes

lutter	*to fight against*	… pour pouvoir lutter contre les Anglais
se promener	*to walk (around)*	Les gens se promènent
restaurer	*to restore*	Ils sont en train de restaurer la façade
subir de gros dégâts	*to be badly damaged*	La cathédrale a subi de gros dégâts

Adjectifs

aménagé(e)	*laid out, rearranged*	La place a été aménagée tout récemment
animé(e)	*lively*	La place est plus animée qu'avant
bombardé(e)	*bombed*	Reims a été très sévèrement bombardé
célèbre	*famous*	Je vais te montrer la célèbre statue
commencé(e)	*begun*	La cathédrale a été commencée en 1211
connu(e)	*known*	La ville de Reims est connue pour le champagne
construit(e)	*built*	La cathédrale a été construite au 13ème siècle
détruit(e)	*destroyed*	35 édifices publics ont été détruits
restauré(e)	*restored*	La cathédrale a été entièrement restaurée
terminé(e)	*finished*	… et terminée un siècle plus tard

Expressions

à l'époque	*at that time*	Reims, à l'époque, était la ville où …
au 13ème siècle	*in the 13th century*	La cathédrale a été construite au 13ème siècle

Les actualités

Noms

une agression	*attack*	C'est vers 11h30 que l'agression a eu lieu
une chaîne de télévision	*TV channel*	une nouvelle chaîne de télévision
le chômage	*unemployment*	
le taux de chômage	*unemployment rate*	Le taux de chômage est de 10% en France
la concurrence	*competition*	la concurrence entre Air Inter et Air Liberté
un détenu	*prisoner*	trop de détenus
la durée des peines	*length of sentences*	… l'allongement de la durée des peines
un effectif, les effectifs	*staff, staff numbers*	les réductions d'effectifs
une grève	*strike*	Les stewards ont appelé à la grève
une puce	*computer chip*	… où sont fabriquées les puces
un rabais	*price reduction*	Air Inter a offert 100F de rabais
le séjour moyen	*average stay*	Le séjour moyen est de sept mois
les suppressions d'emplois	*job losses*	IBM a annoncé des suppressions d'emplois
la surpopulation	*overcrowding*	la surpopulation dans les prisons françaises
le trafic de drogue	*drug trafficking*	des condamnations pour trafic de drogue
les tranquillisants	*tranquilizers*	la surconsommation de tranquillisants
un vol	*flight*	30% des vols devraient être annulés

Verbes

annoncer	*to announce*	Le ministre annonce de nouvelles mesures
annuler	*to cancel*	38% des vols devraient être annulés
avoir lieu	*to take place*	C'est le matin que l'agression a eu lieu
se dérouler	*to happen*	L'agression s'est déroulée en quelques secondes
protester contre	*to protest against*	pour protester contre les suppressions d'emploi
suivre	*to follow*	Une Honda … les suivait depuis un moment

BILAN

1 Rearrange these elements to make sentences:
   a est situé/Londres/sur la Tamise
   b la ville/où l'on vit/en Europe/Paris/est/le mieux
   c sa cathédrale/est connu/pour/Reims/le champagne/et
   d romaine/à l'époque/s'appelait/Paris/Lutèce
   e de Paris/Nantes/à l'ouest/se trouve/à 380 kilomètres

2 Choose any town you know and write four sentences describing it.

3 Skim read the extract below from a tourist leaflet about Nantes and then find
   answers to the following questions:
   a If you wanted to go on a guided tour of Nantes in July, where should you go?
   b If you wanted to arrange for a group to have a guided tour, what would you do?
   c Where does the guide recommend you should start if you want to make your
      own way around?
   d What's the name of the 17th-century church?
   e On your way to the cathedral by this route, what should you look out for:
      i   Roman remains?   ii second-hand markets?   iii half-timbered
                                                               houses?
   f Is Nantes cathedral older than Reims cathedral?
   g What happened in 1972?

Découvrez Nantes avec les visites de l'Office de Tourisme
L'Office de Tourisme de Nantes vous propose différents circuits
commentés à travers les quartiers les plus anciens de la ville, ainsi
qu'une visite complète de la ville en car.

• en été: chaque jour à 15h, rendez-vous à l'Office de Tourisme
• toute l'année, selon un calendrier à se procurer à l'Office de Tourisme
• à tout moment, sur demande, pour les groupes

Maison des Apothicaires

Si vous préférez découvrir la ville seul, remontez le temps en parcourant
les rues des plus anciens quartiers; partant de la place du Change, où se
dresse encore la "Maison des Apothicaires" (maison à colombages du
XVe siècle), on passe à l'église Sainte-Croix construite aux XVIIe siècle;
le long des rues piétonnes, nous retrouvons d'autres maisons à pans de
bois et atteignons la cathédrale de Nantes, consacrée à Saint-Pierre et
Saint-Paul; commencée en 1434, elle a été entièrement restaurée après
le terrible incendie de 1972, et retrouve toute la majesté de sa longue nef
où rien n'arrête l'élan de ses fins piliers de pierre blanche.

4   How has your life changed over the last five years? Write five sentences
in French comparing your life now with your life then.

5   Translate the following headlines:

Suppressions d'emploi à QVC
la chaîne du télé-achat réduit
son effectif

Agression contre un étudiant
Un veilleur de nuit condamné
à 2 ans de prison

Concurrence entre Eurotunnel et Sealink
Baisse de 9% sur tous les tarifs des
ferries

Grève à la SNCF
La plupart des départs de Paris
annulés

Météo: pluvieux et nuageux

Augmentation du trafic sur la ligne Paris–Reims
Rabais de 150F sur le tarif étudiant

6 You're camping in the Pyrénées. Just before you go for a long walk, you decide to check on the weather forecast. This is what you hear. Do you continue with your walk?

Le temps sera très nuageux, la pluie arrivera sur les régions montagneuses cet après-midi et il y aura de forts risques d'orages. Les températures seront partout en baisse.

7 Write four sentences commenting on the following statistics:

	1970	1990
La consommation annuelle de tranquillisants	15	75 comprimés par adulte
La consommation d'alcool en France	25	19,6 litres par adulte
Proportion de femmes dans la population active	35%	44%
La durée de travail hebdomadaire	44,7	39 heures

unité 8 LA FAC – COMMENT ÇA MARCHE?

Kate réside maintenant en cité universitaire. Avant de s'inscrire aux cours, elle doit remplir un dossier d'inscription. Elle demande à Hubert de l'aider.

Kate cherche à comprendre le système universitaire français. Elle assiste à une présentation donnée par la directrice du SUEE (Service Universitaire des Étudiants Étrangers) sur l'organisation du système universitaire en France.

ÉCOUTER ET COMPRENDRE 1

Kate remplit son dossier d'inscription

Kate a rempli la première partie de son dossier. À la section 5, elle ne comprend pas la référence aux 'classes préparatoires'. Elle demande des explications à Hubert.

1 Avant d'écouter le dialogue, regardez la Section 5: quelle case est-ce que Kate devrait cocher?

DEMANDE D'INSCRIPTION A l'UNIVERSITÉ DE REIMS CHAMPAGNE-ARDENNE

N° DOSSIER |__|__|__|__|__| ANNÉE PRÉPARÉE : *1995 - 96* ....

---

5 DERNIER ÉTABLISSEMENT OU UNIVERSITÉ FRÉQUENTÉ

TYPE

1 TERMINALES
2 CLASSES PRÉPARATOIRES AUX GRANDES ÉCOLES
3 TECHNICIENS SUPÉRIEURS
4 I.U.T
5 UNIVERSITÉ   TY |__|
6 ETABLISSEMENT UNIVERSITAIRE PRIVE
7 AUTRE ÉCOLE POST-BAC
8 ENSEIGNEMENT PAR CORRESPONDANCE   AN |__|__|
9 AUTRE ORIGINE

Année Scolaire   19   -19 |__| Département ou Pays |__|__| Dpt |__|__|__|

2 Écoutez le dialogue et corrigez les affirmations qui sont fausses.
   a Les IUT dispensent un enseignement plus théorique que les universités.
   b Il est très difficile d'entrer dans une grande école.
   c Pour entrer dans une grande école, il faut passer un concours tout de suite après le baccalauréat.
   d Avec un diplôme de grande école, on a plus de chances de trouver un emploi de haut niveau.
   e Hubert a préparé le concours pour entrer dans une grande école.

3 Réécoutez les explications d'Hubert et remplissez les blancs avec les mots encadrés:

> ministres professionnelle Technologique sélection meilleurs baccalauréat
> difficile deux soixante appliquées

Un IUT
Un IUT c'est un Institut Universitaire _____(a). Les programmes des IUT sont plus axés sur les études _____(b) et sur la vie _____(c).
Les universités
En principe il n'y a pas de _____(d) pour entrer dans les universités. Il faut tout simplement avoir le _____(e).
Les grandes écoles
Il faut passer un concours très _____(f) pour entrer dans une grande école. Il faut suivre des classes préparatoires qui durent _____(g) ans après le bac. Elles demandent environ _____(h) heures de travail par semaine. Les grandes écoles n'acceptent que les _____(i) étudiants. La plupart des _____(j), des hauts fonctionnaires et des grands patrons d'entreprise ont fait leurs études dans les grandes écoles.

4 Faites correspondre les verbes employés dans le dialogue et leur traduction anglaise.
   a remplir   i to have fun
   b s'inscrire   ii to shut oneself up
   c passer   iii to register
   d réussir   iv to pass (an exam)
   e obtenir   v to get (a qualification)
   f s'amuser   vi to fill in
   g s'enfermer   vii to take (an exam)

5 Maintenant retraduisez en français les phrases suivantes du dialogue:
   a Can you help me fill in this registration form (*ce dossier d'inscription*)?
   b If you have the baccalauréat, you can register at the university of your choice.
   c If you pass the entrance exam, you are more or less certain to get a qualification.
   d When I was eighteen, I wanted to have some fun . . . not shut myself up in my room.

PHRASES-CLÉS 1 — *L'enseignement supérieur*

Qu'est-ce que c'est qu'un IUT?
C'est la même chose que l'université?

Ça fait partie de l'université.
Les programmes sont **plus axés sur** les études appliquées.

Si tu as le baccalauréat, **tu peux t'inscrire dans** la faculté de ton choix.
Si on réussit le concours, **on est sûr d'obtenir un diplôme**.

Pour être admis, il faut passer un concours.
Pour préparer ce concours, **il faut faire** deux ans après le bac.

Le diplôme garantit un emploi de haut niveau.

ON VA PLUS LOIN

1 Vous posez des questions sur l'enseignement supérieur français à un étudiant français. Remplissez les blancs à partir des expressions du dialogue:

Vous Est-ce qu'il y a une sélection pour entrer dans une faculté?
Lui   En principe, non. Si tu as le _____(a), tu peux t'_____(b) dans n'importe quelle université.
Vous Et l'IUT c'est _____ _____ _____(c) que l'université?
Lui   Ça fait _____(d) de l'université mais les programmes sont plus _____(e) sur la formation professionnelle.
Vous Il y a une _____(f) pour entrer dans les grandes écoles?
Lui   Oh oui alors! Pour être admis, il faut réussir un _____(g).
Vous C'est difficile?
Lui   Oui il faut faire deux ans après le bac dans les _____(h) préparatoires. Elles se font dans certains _____(i).
Vous Et les grandes écoles mènent à quoi?
Lui   Les trois années d'études mènent à un _____(j) et ce diplôme _____(k) plus ou moins un emploi de _____ _____(l).

2 ◖▶ Travail à deux: Quelle est la différence entre le collège (1er cycle) et le lycée (2ème cycle) dans l'enseignement secondaire? Vous allez le découvrir. L'un/e de vous suivra la **Fiche 19A**, l'autre consultera la **Fiche 19B**.

LIRE ET COMPRENDRE 1 — *Les lycéens face à l'université*

1 D'abord vérifiez le sens des mots suivants employés dans l'article: *une filière (para. 1); un débouché (para. 2)*:

---

filière *nf.* **1** Scol.Univ. (domaine d'études) course of study; choisir une **~ prestigieuse** to choose a highly regarded course of study; **~s générales et techniques** general/technical courses of study; **suivre une ~ scientifique/littéraire** to study science/arts . . .

---

débouché *nm.* (perspective d'avenir) opening, job opportunity (**en** in); **la formation offre peu de ~s** the training course offers few job opportunities

---

SOCIÉTÉ ■ *Sondage exclusif "Les Clés"/Ipsos*

LES LYCÉENS FACE À L'UNIVERSITÉ

Comment les lycéens perçoivent-ils l'université? Un sondage exclusif Ipsos-Ist pour "Les Clés" montre qu'une majorité de jeunes envisagent d'autres voies pour leur avenir.

Les filières d'enseignement général de l'université n'apparaissent pas comme la voie royale pour les 14-18 ans scolarisés: ils sont seulement 45 % à vouloir aller en fac en sortant du lycée, dont une majorité de filles (51 % contre 39 % de garçons). Les autres envisagent d'autres orientations pour leur avenir, comme les filières des enseignements spécialisés du supérieur (27 %) et les classes préparatoires (11 %). 16 % veulent s'insérer dans la vie professionnelle avec seulement un bac en poche.

Même si les 14-18 ans ne rêvent pas tous d'aller en fac, l'image qu'ils en ont est plutôt positive: 50% d'entre eux estiment que l'université prépare à un futur métier.

▲
Réalisme d'abord
▼

Mais une autre partie importante ne se fait pas d'illusions quant aux débouchés: 32 % n'en attendent pas plus qu'un bon niveau de culture générale. Et puis il y a les pessimistes (6 %), à qui la fac n'offre qu'une salle d'attente avant un premier emploi. Et enfin les opportunistes (11 %), pour qui l'accès au statut étudiant et à ses avantages (bourses, réductions . . .) constitue l'intérêt premier.

La démocratisation de l'enseignement, démarrée au début des années 1980, devait permettre aux jeunes de milieux modestes d'accéder à l'enseignement supérieur. Mais à travers les aspirations des jeunes interrogés, on voit apparaître de fortes disparités. Ainsi, les enfants de classes aisées (cadres, professions libérales . . .) qui forment traditionnellement l'essentiel des effectifs étudiants boudent l'université: ils lui préfèrent les classes préparatoires (21 %) et les filières spécialisées (21 %), qui offrent de meilleurs taux de réussite et plus de débouchés.

À l'opposé, les enfants d'ouvriers plébiscitent l'université (45 % souhaitent s'y préparer à un métier) mais seulement 2 % d'entre eux envisagent une classe "prépa".

Marie Bardet

2 Lisez l'article et dites si les affirmations suivantes sont vraies ou fausses. Corrigez les fausses.
a Ce sondage a été réalisé auprès de lycéens en terminale.
b Une minorité de lycéens veut aller en faculté après leur baccalauréat.
c Plus de 30% envisagent de travailler directement après le lycée.
d Pour les trois quarts des lycéens, l'université représente une bonne préparation à un futur métier.
e Les enfants de classes aisées préfèrent l'université aux grandes écoles.
f Les enfants d'ouvriers ont tendance à s'inscrire dans les classes préparatoires.

3 a Quelles raisons pour aller à l'université sont évoquées dans ce sondage?

   b Selon cet article, quels sont les avantages des grandes écoles et des filières spécialisées?

4 Faites correspondre les expressions de gauche avec leurs équivalents à droite:

   a the preferred route   i un bon niveau de culture générale

   b a good level of general education   ii taux de réussite

   c are going off, are avoiding   iii plébiscitent

   d success rate   iv la voie royale

   e choose overwhelmingly   v boudent

5 ❿ Pour quelles raisons avez-vous choisi de poursuivre des études supérieures? À votre avis, votre formation prépare-t-elle à un métier? Discutez-en en petits groupes.

LA MÉCANIQUE 1   *Constructions with si, quand, pour*

A SI

   Si tu as le baccalauréat … tu peux t'inscrire dans la faculté de ton choix.
   Si vous m'attendez ici, j'irai chercher la voiture.

Si introduces a **condition**. Note that even if you're talking about the future, you will find the *present tense*, not the *future* used immediately after **si**.

B QUAND

   Quand j'avais dix-huit ans, je voulais m'amuser un peu.
   Quand j'aurai cinquante ans, je partirai vivre en France.

Quand is used to say **when** something happened or will happen. Note that if you're talking about future time, you can use a *future tense* immediately after **quand**.

C POUR

   Pour être admis dans une grande école, il faut passer un concours.
   Pour préparer ce concours, il faut faire deux ans après le bac dans les classes préparatoires.

Pour introduces a **purpose**. Note that the verb after **pour** is in the *infinitive* form.

1 Fill in the gaps below with **si**, **quand** or **pour**.

   a _____ tu parles français tout le temps, tu feras des progrès.

   b _____ s'inscrire à l'université, il faut remplir un dossier d'inscription.

   c _____ Kate sera de retour en Angleterre, elle ira voir sa famille à Manchester.

d _____ réussir le concours d'entrée, il faut travailler très dur.

e _____ tu passes le bac en France, tu peux aller faire des études en Grande-Bretagne.

f _____ nous étions au lycée, nous allions souvent discuter de philosophie dans des cafés.

g _____ je vois Dominique, je lui dirai de vous rappeler ce soir.

h _____ parler couramment une langue étrangère, il faut aller vivre dans le pays.

2 Now complete the following sentences in your own words:

a S'il pleut ce weekend, je ......

b Quand j'aurai terminé mes études, je ......

c Pour bien réussir les examens, ...

d Quand j'avais dix ans, je ......

e Quand j'ai commencé mes études, je ......

f Si j'ai le temps demain, je ......

g Pour se perfectionner en informatique, ...

h Si vous avez un diplôme d'une grande école, vous ......

STRATÉGIES *Giving a presentation*

You can make an effective presentation in a foreign language, even with very simple language. But you'll need to think carefully about:

The content of your talk:
• Keep it simple and give lots of examples to make your points clear and interesting
• Prepare carefully so that you can make your presentation from brief notes

The way you present your ideas:
• Speak slowly and clearly. Present key ideas on an OHP, if this helps you to get your message across.
• Highlight the different parts of your talk, using sequencing phrases such as *d'abord*, *ensuite*, *enfin*. In the recording that follows, you'll hear a short presentation of the French university system. Notice the different phrases the speaker uses to highlight the structure of her talk.

ÉCOUTER ET COMPRENDRE 2 *Présentation du système universitaire*

1 Écoutez la directrice du SUEE (Service Universitaire des Étudiants Étrangers) qui présente aux étudiants étrangers le système d'enseignement supérieur en France. Complétez la grille ci-contre suivante avec les informations qui manquent.

Cycle	Durée des études	Diplôme	Enseignement	Période des examens
PREMIER	Bac + _____ ans	DEUG = Diplôme d'_____ _____ Générales	Cours magistraux	Premier contrôle: _____ Examen de fin d'année: _____
DEUXIÈME	1ère année 2ème année	_____ maîtrise	_____ _____	Deuxième session: _____
TROISIÈME		DESS = Diplôme d'Études _____ _____ DEA = Diplôme d'Études Approfondies Doctorat	Formation à la _____	

un contrôle = *a test*

2 Maintenant remplissez les blancs avec les mots encadrés:

amphithéâtre comprend mène se déroule réussit exposé correspond maîtrise professeur affichées

L'enseignement _____(a) en plusieurs étapes que nous appelons 'cycles'. Le premier cycle _____(b) au DEUG. Ensuite il y a un deuxième cycle qui _____(c) une année de licence et une année de _____(d), et enfin le troisième cycle qui _____(e) à une formation à la recherche.

Les cours magistraux sont effectués dans un _____(f) où les étudiants sont tous réunis. Il y a aussi des travaux dirigés (ou TD) où l'étudiant doit préparer un _____(g) ou une série d'exercices que le _____(h) passe ensuite en revue.

Si un étudiant ne _____(i) pas un examen de juin, il peut se présenter de nouveau à la deuxième session au mois de septembre. Les dates des examens sont _____(j) aux tableaux d'affichages de chaque département.

3 Réécoutez la présentation et notez l'équivalent en français des expressions en gras:
   a To start with . . .
   b I should point out that university teaching in France . . .
   c First of all there is a first cycle.
   d Then there is a second cycle.
   e Finally the third cycle.
   f Let's now talk about . . .
   g To conclude . . .

Faire un exposé

Introduction   **En tant que** directrice ... **je vous souhaite la bienvenue** dans notre centre.
Pour commencer,
il me semble utile de
vous donner   **un petit aperçu sur** l'organisation
je vais vous donner   **de**

Première partie   **Il faut savoir que** l'enseignement en France se déroule en trois cycles.
Il y a **tout d'abord** un premier cycle.
Ensuite il y a un deuxième cycle.
Il y a **aussi** des travaux dirigés.
Enfin le troisième cycle ...

Deuxième partie   **Parlons maintenant** des examens.

Conclusion   **Pour conclure**, il ne me reste plus qu'à vous souhaiter une année fructueuse.

ON VA PLUS LOIN

1 Un étudiant anglais explique à une étudiante française comment est organisé l'enseignement supérieur en Angleterre. Remplissez les blancs à partir des expressions encadrées:

> il faut savoir que filières mène ensuite licence parlons maintenant
> tout d'abord préparent réussir dure obtenir

ELLE   Quelles sont les différences entre les systèmes d'enseignement supérieur en Angleterre et en France?

LUI   Pour commencer _____ _____ _____ _____(a) les 'A' levels ne correspondent pas au bac.

ELLE   Ah non? Quelle est la différence?

LUI   Il y a en plusieurs: _____ _____(b) en Angleterre les étudiants ne _____(c) que deux ou trois 'A' levels alors que le bac comprend beaucoup de matières ...

ELLE   Oui, c'est exact. Et pour obtenir le bac il faut _____(d) à toutes les matières ...

LUI   Voilà. _____(e) il y a une sélection pour entrer dans une université anglaise. Les étudiants doivent _____(f) de bonnes notes à leurs 'A' Levels et se présenter à un entretien avant d'être acceptés par l'université de leur choix.

ELLE   Oui, je comprends. _____ _____(g) de l'organisation des études en Angleterre. En France les étudiants s'inscrivent d'abord à un DEUG qui _____(h) 2 ans. C'est la même chose en Angleterre?

LUI   En Angleterre il y a deux _____(i) principales: le *HND* qui _____(j) à un diplôme après deux ans d'études et le *'degree'* qui correspond à la _____(k) française et qui dure trois ans.

ELLE   D'accord, je vois … Eh bien il n'y a pas tant de différences que ça!

LUI   Euh … ça dépend … c'est vrai que les deux systèmes se ressemblent de plus en plus …

2 Vous présidez le Syndicat des Étudiants. En début d'année, vous accueillez les étudiants français qui font un stage d'un an dans votre établissement. Faites un court exposé sur l'organisation des études et donnez-leur un bref aperçu des différentes activités qu'ils peuvent pratiquer.

3 À partir de toutes les informations obtenues dans cette unité, préparez un exposé de 5 minutes sur l'enseignement supérieur en France.

LIRE ET COMPRENDRE 2

Sup de Co Reims

First skim read this text to get a feel for the kind of educational establishment it is. Would you like to study there? How does it compare with your own college?

Sup de Co Reims
École Supérieure de Commerce

LE CURSUS

Connaître les méthodes et techniques du management et s'entraîner à leur pratique. Développer des qualités de comportement et de communication. Tels sont les deux objectifs du cursus.

Le programme est découpé en deux périodes de 3 semestres:

Formation Initiale au Management
– Tous les étudiants suivent les mêmes enseignements
– Stage opérationnel: expérience concrète d'un travail de gestion, de 6 semaines à 3 mois dans une entreprise en France où à l'étranger

Formation Approfondie au Management
– Chaque étudiant suit des enseignements de spécialisation
– Stage de responsabilité: une expérience professionnelle de responsabilité réelle, de 4 à 6 mois en France ou à l'étranger

La Formation de la Personne
– Les langues: 5 langues sont enseignées
– La micro-informatique
– L'efficacité et le développement personnels: (communication écrite et orale, gestion du temps, outils de recherche d'emploi, travail sur l'autonomie)

LES MOYENS PÉDAGOGIQUES

Les professeurs permanents
Au nombre de 44, ils assurent:
* Les cours de base et de synthèse
* Un contact permanent avec les étudiants

Les professeurs visitants
* Dirigeants, cadres ou conseils d'entreprises, enseignants d'autres grandes écoles ou universités étrangères, ils sont plus de 800 et apportent leur expérience concrète de la vie des affaires.

Le centre de documentation
* Plus de 8 000 volumes, 240 abonnements à diverses publications françaises ou étrangères, cassettes audio et vidéo et CD ROMs avec des isoloirs pour favoriser le travail de groupe.

Le multimédia et l'informatique
* 3 salles équipées de réseaux multimédia en libre service permettant l'usage de:
    – CD ROMs, supports vidéo, imprimante laser
    – Logiciels outils (tableur, traitement de texte . . .)
    – Logiciels professionnels spécialisés (banque de données)
* Une centrale de prêts aux étudiants de 400 micro-ordinateurs portables compatibles.

1 **Le cursus**
   a SUP de CO Reims, c'est
      i   une université?
      ii une école supérieure spécialisée?
      iii un IUT?
   b Quelle formation est proposée?
   c Combien de temps dure cette formation?
   d Peut-on faire un stage à l'étranger?
   e Est-ce que l'apprentisage des langues est encouragé?
   f Que fait SUP de CO pour aider les étudiants à trouver un emploi?

2 **Les moyens pédagogiques**
  a Combien y a-t-il de salles multimédia?
  b Quel matériel informatique les étudiants peuvent-ils emprunter?

3 Lisez les commentaires suivants écrits par des professeurs visitants britanniques. Puis trouvez dans le texte les informations qui les justifient.

  a 'SUP de CO is very much oriented towards the professional world.'
  b 'At SUP de CO, they encourage students to develop a variety of personal skills.'
  c 'The school is very well equipped and resourced.'
  d 'Staff at SUP de CO work closely with students.'

4 Trouvez dans le texte l'équivalent en français des expressions anglaises suivantes:
  a time management   d a laser printer   g a spread sheet
  b a subscription   e software   h a data base
  c group work   f word processing

5 🔊 Aimeriez-vous faire vos études à SUP de CO Reims? Pourquoi? Pourquoi pas? Discutez-en avec d'autres étudiants.

RÉVISION

1 Étudiez le schéma à la page suivante et complétez les phrases suivantes:
  a Pour entrer en seconde, il faut . . . . . .
  b Si vous avez réussi le bac, vous pouvez . . . . . .
  c Pour entrer dans une grande école, il faut . . . . . .
  d Pour obtenir un DUT, il faut . . . . . .
  e Si vous avez une licence, vous pouvez . . . . . .

2 Maintenant dites si les affirmations suivantes sont vraies ou fausses:
  a Les CAP et BEP se préparent dans un Lycée Professionnel.
  b L'enseignement supérieur long comprend 3 cycles.
  c Pour avoir un DEA il faut étudier encore un an après la maîtrise.
  d Un BTS se prépare à l'université.
  e Le concours pour entrer dans les grandes écoles se prépare à l'université.

3 🔊 Travail à deux: Quelles études peut-on faire après ou à la place d'un DEUG? Pour en savoir plus, l'un/e de vous consultera la **Fiche 20A**, l'autre la **Fiche 20B**.

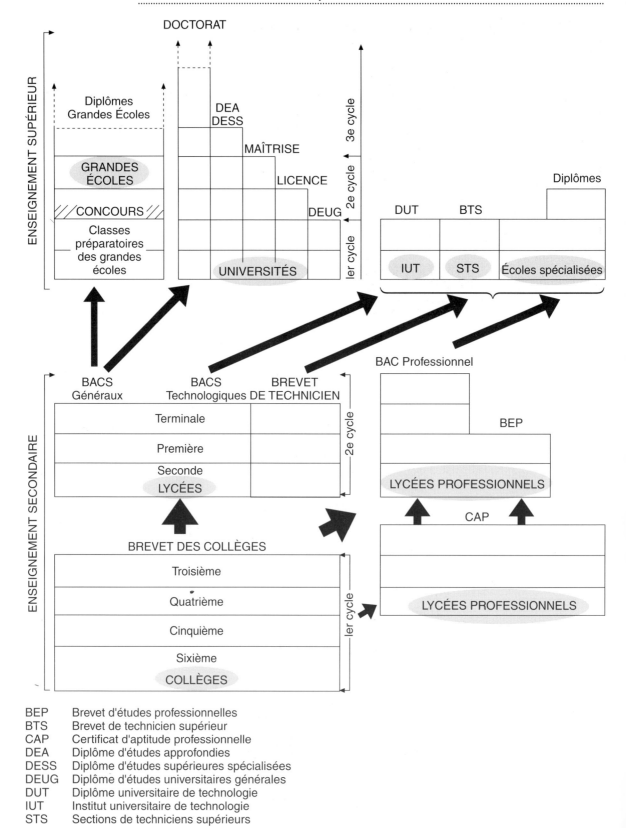

BEP	Brevet d'études professionnelles
BTS	Brevet de technicien supérieur
CAP	Certificat d'aptitude professionnelle
DEA	Diplôme d'études approfondies
DESS	Diplôme d'études supérieures spécialisées
DEUG	Diplôme d'études universitaires générales
DUT	Diplôme universitaire de technologie
IUT	Institut universitaire de technologie
STS	Sections de techniciens supérieurs

📼 *Comment ça marche?*

Rachel, une amie de Philippe, vient de s'acheter un ordinateur portable. Elle ne sait pas très bien comment ça marche. Elle demande à Philippe de lui montrer comment accéder à son traitement de texte.

1 Avant d'écouter le dialogue familiarisez-vous avec la terminologie des ordinateurs. Pour chaque élément du dessin, identifiez sa définition:

a On appuie dessus pour allumer ou éteindre l'ordinateur. En général il est situé à l'arrière de l'ordinateur.

b C'est petit, c'est gris et on s'en sert pour cliquer.

c C'est un petit symbole sur lequel on clique pour activer un logiciel.

d Les lettres de l'alphabet et les chiffres y sont inscrits.

e C'est un logiciel qui vous permet d'élaborer un texte.

f C'est petit et pointu et on peut la déplacer sur l'écran grâce à la souris.

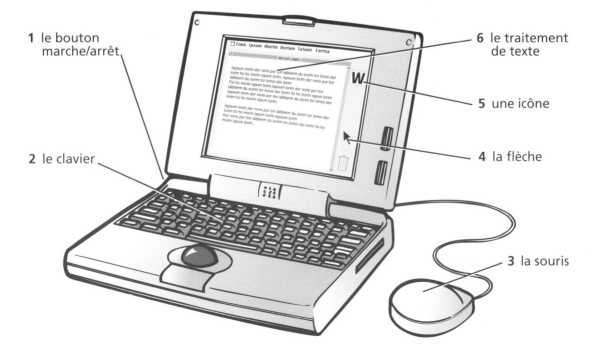

1 le bouton marche/arrêt

2 le clavier

3 la souris

4 la flèche

5 une icône

6 le traitement de texte

2 Maintenant écoutez les explications de Philippe. Lisez les affirmations et corrigez les fausses:

a Sur la page-écran il y a deux flèches et une icône.

b Pour lancer le logiciel *Microsoft Word* il faut cliquer deux fois sur l'icône.

c Pour ouvrir un nouveau document, il faut positionner la flèche sur '*File*'.

d Pour quitter, il faut aller sur la commande '*Special*' et se positionner sur '*Shut Down*'.

e *Internet* c'est un réseau de communications européen.

f Pour y accéder, il suffit d'avoir un micro-ordinateur.

PHRASES-CLÉS 3

Mettre en marche

Pourrais-tu m'expliquer ... comment marche mon portable?

Pour le mettre en marche	**tu vas appuyer sur le bouton** '*Marche/Arrêt*'.
Pour pouvoir lancer le logiciel	**tu positionnes la flèche sur l'icône ... tu cliques deux fois.**
Dans le traitement de texte	**tu vas ouvrir** un nouveau document ... **donc tu te positionnes sur** '*File*'.

Et lorsque j'ai entré mes données ... pour quitter?

        Tu vas sur la commande '*Special*'. **Tu éteins** l'ordinateur.

ON VA PLUS LOIN

1 Vous travaillez sur l'ordinateur dans la salle d'informatique. Assis à côté de vous, un étudiant français vous demande de l'aider. Remplissez les blancs à partir des *Phrases-clés* ci-dessus:

LUI   Que dois-je faire pour _____ _____ _____(a) mon ordinateur?

VOUS C'est facile. Je vais t'expliquer: D'abord tu vas _____ _____ _____ _____(b) '*Marche/Arrêt*'.

LUI   Bon ... et après?

VOUS Après tu vas attendre un peu et puis tu vas _____(c) le logiciel.

LUI   Quel logiciel?

VOUS *Microsoft Word* ... pour entrer dans le traitement de texte.

LUI   Ah d'accord.

VOUS Alors tu positionnes _____ _____(d) sur l'icône et tu _____(e) deux fois.

LUI   Bon ... et maintenant, je peux commencer à travailler?

VOUS Pas encore. Il faut _____(f) un document en te positionnant sur '*File*' et puis '*New*'.

Lui   Ça y est . . . et maintenant?
Vous   Tu peux commencer à taper.
Lui   Et pour quitter?
Vous   Tu vas sur la _____(g) *'Special'*, tu te positionnes sur *'Shut down'* et tu _____(h) la machine. C'est tout simple.

2   Retrouvez la définition qui correspond à chacun des termes encadrés:

la mémoire   coller   le clavier   cliquer   la disquette

   a   L'ensemble des touches sur lesquelles on tape pour entrer des instructions ou des données.
   b   Positionner la flèche sur un objet, puis appuyer et relâcher le bouton de la souris.
   c   Replacer dans un document ce que vous avez copié ou coupé.
   d   Support magnétique sur lequel on enregistre les informations.
   e   Elément de l'unité centrale qui stocke les informations quand vous travaillez.

LIRE ET COMPRENDRE 3

Internet, c'est pour qui?

1   **❄]**   Avant de lire le texte à la page suivante, réfléchissez avec votre voisin/e aux questions suivantes:
   a   De quel genre de services peut-on bénéficier si on est connecté à *Internet*?
   b   Ces services sont-ils payants?
   c   Quel équipement faut-il posséder pour accéder à *Internet*?
   d   Quel genre de personnes se servent de *Internet*?

2   Maintenant lisez le texte pour vérifier vos réponses.

3   Trouvez dans le texte les équivalents en français des expressions suivantes:
   a   a computer network   **d**   to download software
   b   electronic mail   **e**   to consult databases
   c   a (computer) file

Internet . . . c'est pour qui?

Internet est le plus important réseau informatique du monde. Il relie 200 pays, 30 millions d'utilisateurs et connaît une forte croissance. Sur les réseaux qui composent Internet, des utilisateurs peuvent envoyer du courrier électronique, partager ou échanger des fichiers (de textes, mais aussi de sons et d'images), télécharger des logiciels, consulter des bases de données, participer à des groupes de discussion. Beaucoup d'informations disponibles sur Internet sont gratuites. Pour entrer dans le jeu, un simple micro-ordinateur équipé d'un modem et d'une ligne téléphonique suffit. Et qui sont les 'internautes'? Principalement des chercheurs, des scientifiques, des passionnés d'informatique mais aussi des industriels, à la recherche d'une bonne idée.

LA MÉCANIQUE 2

Relative pronouns: qui, que, où

➡ *For overview, see p. 234*

A WHAT ARE RELATIVE PRONOUNS?

Il faut passer un concours **qui** est très difficile.
J'ai des clients **que** je vois tous les jours.
Internet, c'est un réseau **où** l'on peut puiser des informations.

Qui, **Que** and **Où** are **relative pronouns**. They introduce more information about a person or a thing that's just been mentioned. In the first sentence, for example, **qui** introduces further information about **un concours**. In the other sentences above, underline the word to which the relative pronoun relates.

B 'QUI' OR 'QUE'?

Qui stands in for a *subject* and is followed by a verb phrase:

Il faut passer un **concours**. *Ce concours est très difficile.*
                    (subject)
*Il faut passer un concours **qui** est très difficile.*

Que stands in for a *direct object*, and is often followed by a noun or pronoun:

J'ai des **clients**. *Je vois les **clients** tous les jours.*
                    (object)
*J'ai des clients **que** je vois tous les jours.*

1 Use **qui** or **que** to join together the two parts of these instructions for using a computer.
  a D'abord, tu vas voir une icône.
     Cette icône correspond à *Microsoft Word*.
  b Tu cliques deux fois sur l'icône.
     Cette icône se trouve en haut de la page-écran.

c Tu dois ensuite suivre les instructions.
Tu verras ces instructions sur l'écran.
d Pointe ta flèche sur le menu *'File'*.
Le menu *'File'* se trouve à gauche.
e Tu peux maintenant ouvrir le dossier.
Tu as sauvé ce dossier hier.
f Pour fermer, tu cliques sur la commande *'Shut down'*.
Tu vois cette commande à droite.

C où

Où introduces information about a location and is straightforward to use.

2 Match up the two sides of the sentences a–c and then complete sentences d–f in your own words:
a Une cuisine, c'est un endroit où   i on peut étudier.
b Une bibliothèque, c'est un endroit où   ii il y a beaucoup de monuments.
c Reims, c'est une ville où   iii on prépare les repas.
d Une médiathèque, c'est un endroit où ......
e La Villette, c'est un grand parc au nord-est de Paris où ......
f Londres, c'est une ville où ......

3 Choose **qui**, **que** or **où** to fill in the gaps in this narrative, which you'll recognise from unit 6.

Édith se trompe de valise
À l'aéroport, j'ai pris ma valise marron _____(a) était parmi les bagages des autres vacanciers. J'ai sauté dans un taxi _____(b) m'a amenée à la gare routière _____(c) j'ai pris un bus pour Khaniá. À Khaniá, mon amie _____(d) je n'avais pas vue depuis longtemps est venue me chercher. On est parti au village _____(e) habitent ses parents. C'est un petit village près de Khaniá _____(f) s'appelle Stalos. Arrivées chez eux, nous nous sommes installées à la terrasse et nous avons bavardé. Ce n'est que le lendemain que j'ai ouvert ma valise. Ce n'était pas la mienne! La valise _____(g) j'avais prise à l'aéroport appartenait à une touriste anglaise _____(h) passait ses vacances sur la côte. Quel cauchemar! J'ai dû l'appeler pour m'excuser.

ÉCOUTER ET COMPRENDRE 4

📻 *Radio Sans Frontières: C'est beau, la technologie!*

Avant d'écouter l'émission, faites le petit test ci-dessous.

Êtes-vous technophile ou technophobe?			
	1 Vous en possédez un?	**2** Savez-vous vous en servir?	**3** Avez-vous déjà connu des problèmes techniques?
un ordinateur			
un téléphone portatif			
un caméscope			
un magnétoscope			

Calculez votre score: accordez-vous 1 point pour chaque réponse positive dans les colonnes 1 et 2. Enlevez un point pour chaque réponse positive dans la colonne 3.
0 à 3 Vous regrettez l'ère pré-informatique, vous êtes certainement un grand romantique.
3 à 6 Vos relations avec la technologie sont souvent difficiles: avez-vous pensé à suivre une psychothérapie pour mieux comprendre les machines? **6 à 9** Votre cohabitation avec les machines est plutôt réussie. **9 à 12** Vous êtes un/e technophile confirmé/e, mais connaissez-vous autant de succès auprès de vos amis humains?

Hier Cécile et Philippe sont allés au Salon de l'Informatique. Ils ont rencontré Monsieur Thibault, un homme remarquable qui sait tout réparer. Ils l'ont invité à parler en direct.

1 Écoutez l'émission et corrigez les affirmations fausses.
   a Monsieur Thibault travaille dans le service marketing de la société Alcatel.
   b Selon lui, les problèmes techniques sont souvent la faute des utilisateurs.
   c Son anecdote concerne un ordinateur qui ne marchait plus.
   d La caméscope de Rosine ne marche plus.
   e Le mari de Rosine a voulu réparer l'appareil.

2 Réécoutez l'émission et remplissez les blancs en choisissant le mot encadré qui convient:

   a **Les deux catégories d'utilisateurs**
      Il y a ceux qui deviennent _____(i) et qui forcent. Alors ceux-là cassent ou _____(ii) la machine et ils font appel à mes _____(iii).
      Il y a le client qui _____(iv), qui déprime. Il se sent humilié ou battu par la _____(v) et il finit par aller chez le _____(vi) qui lui prescrit des _____(vii).

tranquillisants services technologie souffre bloquent médecin agressifs

b Le téléphone portatif

Un jour, une cliente téléphone à M. Thibault pour lui dire que son téléphone portatif ne _____(i) pas. Monsieur Thibault a _____(ii) l'appareil et a vu que les perforations dans le _____(iii) étaient _____(iv). C'est le fils de la cliente qui avait écrasé de la _____(v) dans le combiné.

banane	inspecté	bouchées	combiné	marche

c Le magnétoscope

Il y a une semaine, Rosine a _____(i) un magnétoscope. Ce matin, elle voulait _____(ii) son émission préférée. Elle a _____(iii) la cassette dans la machine, mais elle s'est _____(iv). Son mari a _____(v) le magnétoscope, mais il n'a pas _____(vi) à sortir la cassette. Rosine avait _____(vii) la cassette du mauvais côté.

introduit	acheté	enregistrer	mis	réussi	ouvert	coincée

d La troisième catégorie d'utilisateurs?

. . . ceux qui s'imaginent qu'ils peuvent tout _____(i) et qui finalement _____(ii) tout!

cassent	réparer

3 M. Thibaut a défini trois catégories d'utilisateurs. Dans quelle catégorie est-ce que vous vous situez?

L'enseignement supérieur

Noms

un amphithéâtre	*lecture theatre*	Les cours magistraux se font dans un amphithéâtre
le baccalauréat (le bac)	*equivalent to 'A' level*	Les élèves passent le bac à la fin de la terminale
un concours	*competition/entry exam*	Il faut passer un concours
les cours magistraux	*lectures*	L'enseignement se décompose en cours magistraux et TD
les débouchés	*job prospects*	Les filières spécialisées offrent plus de débouchés
un diplôme	*qualification, diploma*	On est à peu près sûr d'obtenir un diplôme
l'enseignement (*m*)	*teaching*	L'enseignement à l'université se déroule en trois cycles
un examen	*examination*	les examens de fin d'année
un exposé	*presentation*	faire un exposé devant la classe

une formation	*training, course*	Ces formations ne durent que deux ans
une filière	*programme of study*	Les bacheliers peuvent choisir entre plusieurs filières
une licence	*first degree*	Hubert prépare une licence d'informatique
les travaux dirigés (TD)	*seminars, practical classes*	Il y a aussi des TD
un tableau d'affichage	*notice board*	Les dates sont affichées sur le tableau d'affichage

Verbes

comprendre	*to include*	Le 2e cycle comprend une année de licence
être découpé en	*to be divided up into*	Le programme est découpé en deux périodes
durer	*to last*	Ces formations ne durent que deux ans
être admis à	*to be accepted*	Pour être admis il faut passer un concours
mener à	*to lead*	Le premier cycle mène au DEUG
passer	*to take (an exam)*	
réussir (à)	*to pass*	Elle a réussi le concours d'entrée
se préparer en	*to take*	Le doctorat se prépare en 5 ans

La technologie

Noms

une base de données	*database*
un caméscope	*camcorder*
un clavier	*keyboard*
le courrier électronique	*electronic mail*
les données	*data*
un fichier	*file*
la flèche	*arrow*
une icône	*icon*
le logiciel	*software*
un ordinateur	*computer*
un portable	*laptop*
un réseau	*network*
la souris	*mouse*
un téléphone portatif	*portable telephone*
une touche	*key (on a keyboard)*
un tableur	*spreadsheet*
le traitement de texte	*word processing (package)*

Verbes

| s'allumer | *to come on* | La page-écran s'allume |
| appuyer sur | *to press* | Tu appuies sur le bouton |

cliquer	to click	Il faut cliquer sur la case 'oui'
se coincer	to get stuck	La cassette s'est coincée
entrer	to enter (information)	entrer une commande
enregistrer	to record, to save (data)	Je voulais enregistrer mon programme préféré
éteindre	to turn off	Tu éteins l'ordinateur
introduire	to insert, put in	Vous avez introduit la cassette du mauvais côté
lancer	to start	Tu lances ton logiciel
mettre sous tension	to turn on	… pour mettre sous tension l'ordinateur
quitter	to quit	… et pour quitter?
sélectionner	to select	Tu sélectionnes en cliquant
taper	to type	Tu peux commencer à taper

BILAN

1 Answer the following question: 'Quelle est la différence entre l'IUT et l'université?'

2 Ask in French whether *'les grandes écoles'* are like Oxford and Cambridge.

3 A friend is preparing to welcome some French guests to a new community centre. Can you help her translate the following:
In my capacity as Director of this association, I would like to welcome you to our centre.

4 The following text is about *'les grandes écoles'*. Fill in the gaps with the words in the box:

admis débouchés offrent formation professions concours

Les grandes écoles ont la réputation d'assurer une _____(a) de haut niveau. Elles forment les cadres supérieurs dans beaucoup de _____(b). Pour y être _____(c) il faut passer un _____(d) qui se prépare en deux ans. Parmi les 150 grandes écoles il y a:
• Polytechnique, la plus prestigieuse des écoles d'ingénieurs
• Les Écoles Normales supérieures qui forment des professeurs et des chercheurs
• Les Écoles de Gestion (HEC, l'ESSEC etc.)
• L'ÉNA (École Nationale d'Administration) dont les études _____(e) d'excellents _____(f) dans la fonction publique.

5 Match the two parts of these sentences:
a Pour préparer les *'A' levels*   i il faudra aller chercher la clé pour ta chambre.
b Si tu as de bonnes notes   ii tu devras trouver un emploi à mi-temps.
c Si tu n'as pas de bourse   iii il faut en général étudier pendant deux ans.
d Quand tu arriveras au campus   iv tu seras accepté à l'université de ton choix.

6 Are the following sentences true or false? Correct those which are false.

L'enseignement supérieur en France

a Quand on a le bac on peut s'inscrire à l'université de son choix.

b Le DEUG correspond à bac + 3.

c Le deuxième cycle mène à la licence et à la maîtrise.

d Les cours magistraux sont donnés dans les amphithéâtres.

7 Put the following instructions in order and then say what they are for:

a Sélectionnez la chaîne TV à enregistrer en appuyant sur l'une des touches numériques.

b D'abord mettez sous tension le magnétoscope en appuyant sur le bouton 'Marche/Arrêt'.

c Appuyez sur la touche ENREGISTREMENT pour déclencher l'enregistrement.

d Ensuite, introduisez la vidéocassette.

8 Complete the following instructions on starting up a portable computer:

Pour mettre ton portable _____ _____(a), il faut _____(b) sur le bouton 'Marche/Arrêt'. Puis la page-écran va _____(c). Deux choses apparaissent: une _____(d) qui permet de lancer le logiciel et une _____(e) qui correspond à *Microsoft Word*. Tu dois positionner la flèche sur l'icône et _____(f) deux fois.

9 Fill the gaps with **qui**, **que** or **où** in the following sentences:

L'étudiante _____(a) j'ai rencontrée hier prépare SUP de CO Reims. C'est une formation _____(b) dure 6 semestres. Elle comprend un stage opérationnel de 2 à 3 mois _____(c) les étudiants peuvent effectuer à l'étranger. L'école dispose d'un centre de ressources ultramoderne _____(d) les étudiants peuvent travailler en autonomie. Il y a aussi trois salles multimédia _____(e) les étudiants peuvent utiliser CD ROMs, imprimantes et logiciels outils. Il y a également des micro-ordinateurs portables _____(f) les étudiants peuvent emprunter.

10 Test yourself. Give the French for the following: keyboard, mouse, data, software, video recorder, word processing, a file, electronic mail, screen.

unité 9 L'EMPLOI

LA SITUATION

Kate a presque terminé son année universitaire à Reims. Elle décide de chercher un emploi pour juillet et août afin de prolonger son séjour en France et d'acquérir une expérience professionnelle dans une société française. Hubert achète la revue *L'Étudiant*. Ensemble ils parcourent les offres d'emploi.

Hubert, lui, cherche du travail dans l'informatique. Il se rend à Bordeaux pour un entretien avec Monsieur Lebas, responsable communication d'IBM Sud-Ouest.

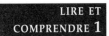

Les jobs de l'Étudiant

1. Hôtesses de tables, serveuses

Le Bistro romain recherche des étudiantes pour des postes d'hôtesses de table-serveuses. Postes à pourvoir dans l'ensemble de ses restaurants.

Profil: 18–26 ans, excellente présentation. Horaires flexibles

Période: toute l'année

Rémunération: SMIC au minimum

Contact: envoyer CV, lettre et photo au Bistro romain, direction du personnel, 22, Allée Albert Caquot, 51128 Reims

2. Vente d'abonnements au câble

TV Câble recherche des commerciaux pour vendre des abonnements au câble télévisé sur les sites de Reims, Épernay, Châlons-sur-Marne. Postes à trois quarts de temps ou à temps plein.

Profil: étudiants capables de s'investir dans la prospection et le suivi de la clientèle

Rémunération: fixe + pourcentage

Contact: TV Câble, M. Dulewiez au 26-09-17-01

3. Animateurs-enseignants en anglais

Euro-schools recherche dès maintenant pour la rentrée 1996 des animateurs-enseignants pour initier des enfants entre 3 et 11 ans à l'anglais oral. Postes à temps partiel.

Profil: très bon niveau d'anglais avec un accent parfait

Rémunération: de 110 à 140F l'heure

Contact: envoyer un CV, une lettre et une photo à Euro-Schools, service recrutement, M. Thierry, 34, rue du Jard, 51100 Reims

4. Accueil et standard

Société de services recherche des jeunes femmes pour des postes d'accueil et de standard à temps partiel. Contrats à durée indéterminée.

Profil: excellente présentation, anglais courant, expérience dans la fonction

Rémunération: supérieure au SMIC

Contact: téléphoner pour rendez-vous à CC TEAM, Mme Lerdu, Tel. 26-55-72-72

5. Animateurs en grande surface

Sodep Champagne cherche des étudiants pour des actions de vente en grande surface.

Profil: avoir plus de 20 ans, aimer la vente et le contact. Posséder un véhicule est un plus

Période: tous les vendredis et samedis de l'année

Rémunération brute: 38F50 l'heure + prime repas (65F)

Contact: envoyer un CV et une lettre manuscrite à Sodep Champagne, service du recrutement, 8, rue Mozart, 51300 Vitry-Le-François

6. Hôtesses d'information

Valeur Ajoutée recherche des hôtesses pour informer des touristes étrangers sur des sites strasbourgeois et les aéroports des régions Alsace et Lorraine.

Profil: 20–25 ans, maîtrisant une ou plusieurs langues étrangères, excellente présentation

Période: juillet–août

Rémunération: supérieure au SMIC

Contact: envoyer CV, lettre manuscrite et photo, en précisant vos disponibilités, à Valeur Ajoutée, service du recrutement, 71, rue Bellevue, 67043 Strasbourg au 26-44-02-49

---

un contrat à durée indéterminée = *a contract for an unspecified period*
le SMIC = salaire minimum interprofessionnel de croissance = *minimum wage*

1 Choisissez l'offre d'emploi qui convient à chaque demandeur d'emploi suivant:

  a Au mois de septembre, Michèle commence une maîtrise d'anglais. Elle voudrait enseigner l'anglais à temps partiel à partir de septembre pour payer ses études.

  b Nadine a besoin de travailler. Elle n'est pas exigeante au point de vue horaires. Elle n'a pas de formation spécialisée mais aime le contact humain. Par contre elle déteste le métier de vendeuse.

  c Omar a déjà travaillé comme agent de commerce pour la compagnie L'Oréal. Il cherche un emploi à temps plein. Il est très indépendant, a sa propre voiture et aime le contact avec les clients.

  d Sylvie est très occupée. Elle donne des récitals de piano et s'occupe de sa mère âgée. Elle cherche un petit job à mi-temps de deux ou trois jours par semaine. Heureusement elle a une voiture pour se déplacer.

  e Gisèle a une petite fille de 3 ans qui va dans une crèche tous les matins. Elle cherche un emploi à mi-temps. Elle a déjà travaillé comme réceptionniste dans un hôtel et a obtenu récemment un diplôme d'anglais.

2 🖢 Si vous deviez trouver un emploi, lequel choisiriez-vous parmi les offres d'emploi que vous avez lues? Expliquez votre choix à votre voisin/e.

3 Trouvez les équivalents en français des expressions suivantes:

a jobs available	**d** sales staff
b smart appearance	**e** subscriptions
c flexible hours	**f** sales promotions in supermarkets

📼 *Trouver un emploi*

1 Maintenant écoutez le dialogue entre Kate et Hubert. Remplissez la fiche ci-dessous avec les réponses de Kate.

Nom: Kate Cranfield
....

Langues étrangères parlées: ....

....

Expérience professionnelle:..

....

Période disponible: ....

Emploi postulé:..

Rémunération: ....

---

rayon de parfumerie = *in the perfumery department*

2 Reconstituez les phrases essentielles du dialogue en faisant correspondre les deux parties:

- **a** Je cherche un emploi
- **b** Tu parles
- **c** Qu'est-ce que tu as
- **d** J'ai fait un stage
- **e** Pourquoi est-ce que tu ne travaillerais pas
- **f** Quelles sont
- **g** Tu rédiges vite une lettre

- **i** comme expérience professionnelle?
- **ii** de candidature
- **iii** comme hôtesse de vente?
- **iv** les conditions de travail?
- **v** couramment l'espagnol
- **vi** de deux mois dans un grand magasin
- **vii** à temps complet

PHRASES-CLÉS 1

Poser sa candidature à un poste

Je cherche	un emploi	à temps complet/à plein temps
Je vais	postuler pour un poste	à temps partiel/à mi-temps
	poser ma candidature à un poste	

Quelle est votre formation?

J'ai fait des études de gestion et de comptabilité

Qu'est-ce que vous avez comme expérience professionnelle?
Quelle est votre expérience professionnelle?

J'ai fait un stage de deux mois dans un grand magasin
J'ai travaillé comme vendeur dans un magasin de sport

Quelles sont les conditions de travail?

Le salaire est supérieur au SMIC

ON VA PLUS LOIN

1 Mettez les phrases suivantes dans le bon ordre pour reconstituer le début d'une conversation téléphonique entre un jeune demandeur d'emploi et une employée du service de recrutement:

EMPLOYÉE: Allô . . . ici CARREFOUR, le service de recrutement. Bonjour.

- **a** J'ai 22 ans.
- **b** J'ai travaillé 6 semaines dans un supermarché.
- **c** Votre salaire sera supérieur au SMIC et vous travaillerez de 8h30 à 14h tous les jours.
- **d** Oui, vendeur à mi-temps. Vous avez quel âge?
- **e** À partir de demain . . . jusqu'à la rentrée universitaire. Quelles sont les conditions de travail?
- **f** Je fais actuellement des études de commerce.
- **g** Et quelle est votre expérience professionnelle?
- **h** Bonjour . . . Voilà, j'ai lu votre annonce dans *L'Étudiant* pour un poste de vendeur.
- **i** 22 ans . . . d'accord. Quelle est votre formation?
- **j** Alors vous êtes un vrai commercial! Et vous êtes libre à partir de quand?

2 Complétez ce dialogue. Jeanne téléphone au *'Bistro romain'* pour en savoir plus sur le poste de serveuse:

JEANNE   Bonjour Madame, je téléphone au sujet de votre annonce dans *L'Étudiant*.

EMPLOYÉE   Ah oui, pour un emploi de serveuse. Qu'est-ce que vous avez comme _____ _____(a)?

JEANNE   J'ai _____(b) comme serveuse dans le bistro *'Le Gaulois'* pendant un mois.

EMPLOYÉE   Bien. Nous exigeons aussi une excellente présentation.

JEANNE   Oui bien sûr. Quelles sont _____ _____(c) de cet emploi?

EMPLOYÉE   Nous proposons des contrats à durée indéterminée de 20 heures par _____(d). Les _____(e) sont flexibles.

JEANNE   Et comme _____(f)?

EMPLOYÉE   Nous proposons le SMIC au minimum.

JEANNE   Bien. Que dois-je faire si je veux _____(g) pour le poste?

EMPLOYÉE   Il faut prendre rendez-vous pour un entretien avec le patron. Pourriez-vous venir lundi prochain?

3 🖢 Travail à deux: À tour de rôle, vous allez vous renseigner sur un emploi. L'un/e d'entre vous suivra la **Fiche 21A**, l'autre la **Fiche 21B**.

LA MÉCANIQUE 1	*Pronouns y and en*	➡ *For overview, see p. 233*

A THE PRONOUN 'EN'

Il te faudrait une voiture et tu n'**en** as pas.
Je cherche un emploi pour l'été. Eh bien, tu devrais pouvoir **en** trouver un.

The pronoun **en** has no real equivalent in English. Like all pronouns, it stands in for something previously mentioned: **en** usually replaces a noun preceded by **de/du/de l'/de la/des** or **un/une**:

Tu n'**en** as pas   →   Tu n'as pas **de voiture**.
Tu devrais pouvoir **en** trouver un   →   Tu devrais pouvoir trouver **un emploi**.

B THE PRONOUN 'Y'

Tu veux aller au cinéma? Ok ... On **y** va en métro?
Internet c'est un réseau de communications. Pour **y** accéder, c'est pas compliqué du tout ...

The pronoun **y** replaces **à/au/à l'/à la/ aux** + a *noun* referring to a thing. It can also refer back to a place already mentioned:

On **y** va en métro   →   On va **au cinéma** en métro
Pour **y** accéder   →   Pour accéder **à Internet**

1 Underline the words which **en** and **y** refer back to, as in the example:
- Vous avez <u>un dictionnaire</u>? *Oui j'en ai acheté un.*
  a Kate mange souvent au restaurant? Elle y va au moins une fois par semaine.
  b N'oublie pas d'acheter du pain. J'en prendrai à la boulangerie cet après-midi.
  c Tu as visité la Défense? Oui, j'y suis allé il y a deux ans.
  d Vous avez des frères? Oui, j'en ai deux.

C REVISION OF OBJECT PRONOUNS

Il y a une dame qui **m**'appelle et qui **me** dit . . .
Laisse-moi **te la** lire.
C'était la valise d'une touriste anglaise. J'ai dû l'appeler pour **lui** expliquer.
On demande aux auditeurs de **nous** appeler au 26–24–30–50.
Je **vous** présente Dominique . . .
J'ai perdu mes lunettes. Je crois que je **les** ai laissées dans le train.

These are examples of some of the object pronouns that have been used in the last few units. (See p. 60 for revision of object pronouns.)

2 Fill in the gaps in the following text with **le, la, les, lui, leur, y**:

Tous les matins Michèle se rend au kiosque à journaux situé sur la place Danton. Elle achète le journal et _____(a) met dans son sac. Puis elle passe à la boulangerie. Elle _____(b) achète toujours deux croissants au beurre. Comme l'employé _____(c) connaît bien, il _____(d) donne les deux plus gros. Michèle _____(e) prend et sort du magasin. Elle s'arrête chez M. et Mme Barbu. Elle _____(f) donne le journal et les deux croissants. Puis elle _____(g) dit au revoir et s'en va au travail.

3 Fill in the following dialogue with **me, te, le, la, lui, en**:
Alors quand est-ce que tu vas voir Martine?
a Je vais _____ voir ce soir chez Christophe.
b Tu vas _____ dire que tu as perdu sa raquette de tennis?
c Oui. Je vais _____ expliquer que quelqu'un _____ a volée.
d Elle va _____ croire?
e Oui, elle _____ connaît bien. Elle comprendra . . .
f Et si elle _____ demande d'acheter une autre raquette?
g Eh bien je lui _____ achèterai une autre.

STRATÉGIES

Writing formal letters

If you ever need to book a room in a hotel, request information from a company or a tourist agency, or apply for a job in France, you'll need to know how to write a formal letter in French.

- Avoid translating directly! The format and the phrasing of French formal letters is often quite different from English formal letters.

• A useful strategy is to study examples of letters in French and use these as models, changing details where appropriate. Formal letters are often made up of predictable formulae, so drafting simple letters is often quite straightforward.

• There are some examples of letters in this chapter and you should be able to find a wider range in dictionaries or guides to business correspondence.

• Obviously, the presentation of a formal letter counts a great deal, so it's useful to get a French speaker to check any correspondence before you send it out. Otherwise, use a dictionary to check your spelling.

LIRE ET COMPRENDRE 2

Modèles de lettres

1

Paul Dew
11, Hastings Road
Brighton BN1 3LR

Société Opex
Z.I. des Sapins
69009 Lyon

Lyon, le 28 mai 1996

À l'attention de Monsieur le Chef du Personnel

Monsieur,

Poursuivant actuellement des études d'architecture à l'université de Brighton, je dois effectuer un stage de six mois dans une entreprise de travaux publics pour mettre en pratique les connaissances acquises durant mes études supérieures.

Votre société m'ayant été recommandée, je désirerais pouvoir faire ce stage chez vous. Vous trouverez ci-joints mon curriculum vitae ainsi qu'un dossier de mes projets d'études. Je me tiens à votre entière disposition si vous désirez me rencontrer.

Vous remerciant par avance de l'attention que vous voudrez bien porter à ma candidature, je vous prie d'agréer, Monsieur, l'expression de mes sentiments respectueux.

Paul Dew
P. Dew

P.J.: un curriculum vitae
    un dossier de mes projets d'études

2

Valerie Thompson
48, Cranham Street
Oxford OX2 8DD

À Monsieur le Directeur
IBIS – Reims Centre
28, boulevard Joffre
Reims 51100

Oxford, le 3 juillet 1996

Monsieur le Directeur,

Titulaire d'un diplôme d'hôtellerie et de tourisme et ayant acquis une solide expérience dans la profession, je me permets de m'adresser à vous pour proposer mes services.

J'ai l'intention de me fixer à Reims en permanence et cherche donc un emploi à temps complet. Si cela s'avérait impossible je serais prête à accepter un mi-temps.

Veuillez trouver ci-joint un curriculum vitae avec une photographie récente.

Dans l'attente de vous lire, je vous prie d'agréer, Monsieur le Directeur, l'expression de mes sentiments les meilleurs.

Valerie Thompson
V. Thompson

P.J.: un curriculum avec photographie

3

Andrew Smith
12, rue du Trésor
51100 Reims

M. Le Nail
Euro-Schools
3, rue Jean Cottin
75018 Paris

Reims, le 5 décembre 1995

Monsieur,

Suite à l'annonce parue dans *Le Parisien* du 3 décembre je souhaiterais poser ma candidature au poste d'animateur-enseignant d'anglais.

Mon stage universitaire touchant à sa fin, je cherche un emploi à temps plein dans l'enseignement. Comme vous pourrez le constater à la lecture de mon CV, ma langue maternelle est l'anglais mais je parle couramment le français. De plus j'ai enseigné l'anglais pendant deux étés dans une école de langues à Bournemouth.

Je me tiens à votre disposition pour un entretien éventuel, et vous prie d'agréer, Monsieur, l'expression de mes sentiments distingués.

Andrew Smith
A. Smith

P.J.: un CV avec photo

4

Sylvie Duchamp
Traverse St. Eutrope
13100 Aix-en-Provence

Agence Havas
82, rue de la Poste
13100 Aix-en-Provence

Poitiers, le 14 juin 1996

Monsieur,

Je vous serais reconnaissante de bien vouloir me faire parvenir de la documentation sur les voyages que vous organisez en Egypte et en Tunisie, ainsi que tous les renseignements concernant les dates et les prix de ces voyages.

Dans l'attente de vous lire, recevez, Monsieur, l'expression de mes sentiments distingués.

Sylvie Duchamp

1 Lisez les 4 modèles de lettres et retrouvez pour chacune le titre qui lui convient:
   a demande d'emploi
   b réponse à une offre d'emploi
   c demande de stage
   d demande de renseignements

2 Maintenant relisez les lettres et identifiez les formules que vous pourriez employer pour:
   a présenter votre situation actuelle
   b informer le lecteur de vos diplômes et de votre expérience professionnelle
   c préciser le genre d'emploi que vous recherchez
   d identifier l'annonce à laquelle vous vous référez
   e demander de la documentation
   f dire que vous êtes prêt à vous déplacer pour un entretien si nécessaire
   g terminer la lettre

3 Proposez une traduction anglaise aux deux sections suivantes:
   a Vous remerciant par avance de l'attention que vous voudrez bien porter à ma candidature, je vous prie d'agréer, Monsieur, l'expression de mes sentiments respectueux.
   b Dans l'attente de vous lire, recevez, Monsieur, l'expression de mes sentiments distingués.

You don't want a word-for-word translation but a sentence which would sound appropriate in an equivalent English letter.

La lettre de candidature

Actuellement étudiant/e en architecture,
  je dois effectuer un stage d'une durée de 6 mois **dans une
  entreprise** ...
  je désirerais pouvoir faire ce stage chez vous.

Titulaire d'un diplôme d'hôtellerie ...
  je me permets de m'adresser à vous pour proposer mes services.

Suite à l'annonce parue dans *Le Parisien* du 3 décembre
  je souhaiterais poser ma candidature au poste d'animateur-
  enseignant.

Veuillez trouver ci-joint un curriculum vitae.
Comme vous pourrez le constater à la lecture de mon CV ...

Je me tiens à votre disposition pour un entretien éventuel.
                              si vous désirez me rencontrer.

Je vous prie d'agréer, Monsieur, l'expression de mes sentiments
                              distingués.
                              respectueux.
                              les meilleurs.

ON VA PLUS LOIN

Une étudiante préparant une licence de sciences à l'université de Brighton doit rédiger un rapport en français sur la pollution urbaine en France. Elle écrit une lettre au ministère de l'Enseignement supérieur et de la Recherche pour demander une documentation sur la politique de l'environnement en France. Remettez les paragraphes de sa lettre dans le bon ordre:

1 **a** Monsieur/Madame,

  b Je vous serais donc reconnaissante de bien vouloir me faire parvenir une documentation en français sur le recyclage des déchets, l'environnement urbain et l'occupation des terres.

  c Par avance, je vous remercie des informations que vous voudrez bien me fournir et vous prie de croire, Monsieur/Madame, à l'expression de mes sentiments les meilleurs.

  d Actuellement étudiante en sciences à l'université de Brighton il me faut rédiger, dans le cadre de mes études de français, un rapport sur le thème de l'environnement en France.

  e Dans le cas où vous ne seriez en mesure de m'aider, pourriez-vous me communiquer des adresses d'organisations susceptibles de m'assister dans mes recherches?

2 En vous référant à l'offre d'emploi à la page 157, rédigez la lettre de candidature de Kate au poste d'hôtesse d'information à Valeur Ajoutée. Vous trouverez son CV ci-contre:

LIRE ET
COMPRENDRE 3

Curriculum vitae

NOM	Kate Cranfield
ADRESSE ACTUELLE	Cité Saint Nicaise, rue Gérard Philipe, Reims
ADRESSE PERMANENTE	66 Osborne Crescent, Brighton BN1 8MR, Angleterre Tél. 1273 564038

RENSEIGNEMENTS D'ORDRE GÉNÉRAL

Nationalité	britannique
État civil	célibataire
Date et lieu de naissance	née le 06.07.74 à Manchester, Angleterre

FORMATION ET ÉTUDES EN COURS

- 1995–96   Études de commerce, université de Reims
- 1993–95   Études supérieures de commerce à l'université de Brighton (équivalent au DEUG)
- 1992–93   Certificat TEFL (pour l'enseignement de l'anglais langue étrangère)
- 1992   A levels (équivalent au baccalauréat)

Options:
- Anglais A   (mention très bien)
- Français B   (mention bien)
- Économie C   (mention assez bien)
- Espagnol D   (mention passable)

STAGES ET EXPÉRIENCE PROFESSIONNELLE

- été 1995   Stage de 2 mois comme vendeuse dans un grand magasin au rayon parfumerie (Hanningtons, Brighton)
- juillet 1994   Emploi à temps partiel dans l'entreprise de peinture Trims & Sons, Crawley: service des commandes et livraisons de stocks
- été 1993   Emploi temporaire d'enseignante dans une école de langues (Eurocentre, Brighton)

LANGUES

- Anglais   (langue maternelle)
- Français   (lu, parlé et écrit)
- Espagnol   (lu, parlé)

DIVERS

- sports   Ski et hockey (capitaine de l'équipe de hockey à l'université de Brighton)
- voyages   Séjours aux Etats-Unis

1 Lisez le CV de Kate puis répondez aux questions suivantes:
  a Dans le dialogue *Écouter et comprendre 1* Kate parle à Hubert de son expérience professionnelle dans un grand magasin. Elle oublie de mentionner deux autres emplois. Quels sont-ils?
  b Kate, pourrait-elle enseigner l'anglais en France?
  c D'après vous, pourquoi Kate n'a-t-elle pas pensé à enseigner l'anglais? (Réécoutez sa conversation avec Hubert)
  d Quels sont les loisirs de Kate?

2 Utilisez le modèle ci-dessus pour établir votre CV.

RÉVISION

1 Résumez les démarches à faire pour trouver un emploi en remplissant les blancs par un pronom: **le, la, lui, les, en, y**.
  a le journal · Vous _____ achetez tous les jours.
  b les offres d'emploi · Vous _____ lisez soigneusement.
  c la lettre de candidature · Vous _____ écrivez à la main de préférence.
  d une photo · Vous _____ envoyez une si elle est demandée.
  e le CV · Vous _____ dactylographiez mais vous ne _____ signez pas.
  f le chef de recrutement · Vous _____ téléphonez. Vous _____ dites que vous voulez postuler pour l'emploi.
  g vous êtes convoqué à un entretien · Vous _____ arrivez à l'heure.

2 Travail à deux: Travaillez à deux pour reconstituer le CV de l'étudiant Michael Dowman. L'un/e d'entre vous consultera la **Fiche 22A**; l'autre consultera la **Fiche 22B**.

LIRE ET COMPRENDRE 4

IBM Sud-Ouest

1 Hubert a postulé pour un poste d'analyste-programmeur à Bordeaux dans l'une des dix directions régionales d'IBM. Pour comprendre les activités d'IBM Sud-Ouest, lisez le texte ci-contre et notez sur la carte les noms des villes mentionnées.

La mission d'IBM France est d'une part le développement de nouveaux produits de télécommunication et d'autre part, le développement et la commercialisation de composants pour ordinateurs. Le travail de recherche s'effectue dans des laboratoires situés à La Gaude près de Nice, tandis que deux sites de production – l'un à Montpellier, sur la côte sud-est et l'autre à Corbeil-Essonnes dans la banlieue parisienne – sont responsables de la fabrication de puces et la réalisation de grands systèmes informatiques.

Le siège social d'IBM-France est situé à Paris, à la Défense, et regroupe les services financiers et la direction générale. Il y a dix directions régionales en France dont celle de Bordeaux, créée en 1932 et située depuis 1986 à Bordeaux-Lac, le principal parc d'activités bordelais.

La région d'**IBM Sud-Ouest** couvre onze départements avec pour limites Limoges à l'est, La Rochelle à l'ouest, Biarritz au sud-ouest, et Lourdes au sud-est. 45% des affaires se font à Bordeaux, mais grâce à ses filiales, IBM a une activité importante dans tous les grands centres régionaux.

La direction régionale à Bordeaux a pour mission de commercialiser les produits d'IBM auprès des entreprises de la région. La vente d'ordinateurs aux particuliers est assurée par des distributeurs locaux. IBM Sud-Ouest a un effectif de 200 personnes qui comprend le personnel administratif, des ingénieurs commerciaux et technico-commerciaux et des techniciens qui assurent le service de maintenance et de réparation d'ordinateurs.

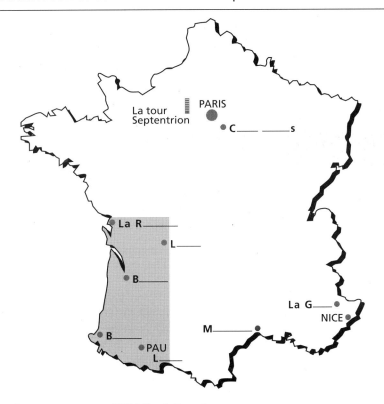

La region couverte par IBM Sud-Ouest

2 Relisez le texte et dites si les affirmations suivantes sont vraies ou fausses:
   a IBM France a deux missions principales.
   b Le travail de recherche se fait à La Gaude.
   c Le siège social se trouve à Corbeil-Essonnes.
   d Il y a une direction régionale à Bordeaux depuis 1986.
   e La mission de la direction régionale à Bordeaux est de développer de nouveaux produits.
   f IBM Sud-Ouest recrute des ingénieurs, des techniciens et du personnel administratif.

3 Donnez l'équivalent soit anglais soit français des expressions suivantes:

FRANÇAIS	*ANGLAIS*
commercialisation	_____(a)
(b)_____	computers
banlieue	_____(c)
(d)_____	(computer) chips
siège social	_____(e)
(f)_____	business park
affaires	_____(g)
(h)_____	subsidiaries
effectif	_____(i)
(j)_____	private individuals

🔲 *IBM se présente*

1 Écoutez maintenant la présentation de M. Lebas, responsable communication d'IBM Sud-Ouest et corrigez les affirmations qui sont fausses.

> la rocade = *the bypass*
> du dépannage = *repair work*
> la grande distribution = *the (big) retail outlets*
> les PME = petites et moyennes entreprises = *small and medium-sized companies*

   a IBM Sud-Ouest a créé des filiales.
   b IBM était la deuxième entreprise qui s'est installée à Bordeaux-Lac.
   c Les ingénieurs commerciaux ont un niveau bac + 6.
   d IBM Sud-Ouest recrutent des techniciens qui s'occupent de la réparation d'ordinateurs.
   e IBM Sud-Ouest vend essentiellement aux entreprises.
   f Les particuliers s'adressent à la grande distribution ou aux distributeurs locaux.

2 Résumez ce que dit Monsieur Lebas sur les différentes catégories d'emploi à IBM Sud-Ouest. Remplissez les blancs à partir des mots encadrés:

> comprendre   dépannage   construire   solution   discuter   architectes
> reseaux

Les ingénieurs commerciaux doivent pouvoir _____ (a) avec les clients, _____ (b) les problèmes qu'ils confrontent et leur proposer une _____ (c).

Les ingénieurs technico-commerciaux doivent pouvoir _____ (d) un ordinateur avec les _____ (e) appropriés pour satisfaire les besoins des clients. On les appelle aussi des '_____' (f).

Il y aussi le personnel responsable du _____ (g) de matériel et l'administration.

Le siège social d'IBM Sud-Ouest à Bordeaux-Lac

La tour Septentrion

Présenter son entreprise

Je voudrais vous souhaiter la bienvenue au nom de notre compagnie IBM France.

Je vais vous donner un bref aperçu de nos activités industrielles et commerciales.

Notre société est implantée à Bordeaux depuis 1932.
                    installée

C'est la première entreprise qui **s'est installée à** Bordeaux-Lac **en** 1986.

Nous avons un effectif de 200 personnes.

Notre mission est de fabriquer des composants.
                    commercialiser

Nous vendons essentiellement aux entreprises.

Notre siège social se trouve à Paris.

1 Vous interviewez M. Hupet, le directeur technique de la société Perrault, qui fabrique des produits d'emballage. Complétez les blancs:

Vous Merci Monsieur Hupet de m'avoir reçu. J'ai quelques questions très générales à vous poser . . . Depuis combien de temps êtes-vous _____(a) à Marseille?

M. Hupet La société Perrault _____ _____(b) à Marseille en 1975.

Vous Etes-vous installés au centre ville?

M. Hupet Non, en _____(c) à côté de l'autoroute A 50.

Vous Avez-vous beaucoup d'employés?

M. Hupet Oui, nous avons un _____(d) de 180 personnes.

Vous Quelle est votre _____(e)?

M. Hupet Nous en avons deux. La première est de _____(f) des cartons et des emballages en plastique, la seconde est de distribuer ces produits aux PME.

Vous Où se trouve votre _____(g) social?

M. Hupet Il est situé au centre de Marseille, avenue du Prado.

2 Travail à deux: Vous allez échanger des renseignements sur une entreprise. L'un/e d'entre vous consultera la **Fiche 23A** et l'autre la **Fiche 23B**.

LA MÉCANIQUE 2   *Relative pronouns: ce qui, ce que*

➡ *For an overview, see p. 234*

A DISTINGUISHING 'CE QUI' AND 'CE QUE'

Vous savez **ce qui** s'est passé?

Explique-moi **ce que** ça veut dire.

In the examples, **ce qui** and **ce que** mean **what**. **Ce qui** is used to replace a *subject*, while **ce que** is used to replace an *object* (⬅ See unit 8, p. 148 for the distinction between **qui** and **que**.)

Vous savez: **quelquechose** s'est passé

(subject)

Vous savez **ce qui** s'est passé?

Explique-moi: ça veut dire **quelquechose**.

(object)

Explique-moi **ce que** ça veut dire.

1 Fill in the gaps with **ce qui** or **ce que**:

   a Avez-vous compris _____ le directeur nous a dit hier?

   b Raconte-moi _____ s'est passé lors de la réunion.

   c _____ est important pour Hubert maintenant, c'est de trouver un emploi.

   d Édith ne sait pas très bien _____ elle va faire l'année prochaine.

   e Kate doit réfléchir à _____ elle va mettre dans sa lettre de candidature.

   f Je ne vois pas bien _____ est marqué sur ce panneau.

B 'CE QUI' AND 'CE QUE' AS COMPARED WITH 'QUI' AND 'QUE'

Vous avez vu l'accident **qui** s'est passé jeudi?

Explique-moi cet exercice **que** je ne comprends pas.

Compare the way **ce qui** and **ce que** are used in **A** with the way **qui** and **que** are used in the examples above. **Qui** and **que** come immediately after a noun: *l'accident qui . . .* or *cet exercice que . . .* whereas **ce qui** and **ce que** don't relate back directly to any particular noun. They refer to a general idea.

2 Fill in the gaps with **qui**, **que**, **ce qui** or **ce que**:

   a Je vais postuler pour l'offre d'emploi _____ je viens de lire dans le journal.

   b Dites-moi _____ je dois faire pour trouver un emploi en France.

   c Hubert est né dans un village _____ s'appelle Sillery.

   d Pour Kate, _____ est important, c'est de beaucoup parler français.

   e Le CROUS, c'est une organisation _____ aide les étudiants.

   f Hubert a expliqué à Kate _____ il faut faire pour entrer dans une grande école.

   g Voici l'ordinateur _____ les techniciens doivent réparer.

3 Complete the following sentences:

   a Ce que je ne comprends pas, c'est . . .

   b Ce qui m'intéresse surtout, c'est . . .

   c Ce que je veux faire, c'est . . .

   d Ce que je déteste, c'est . . .

 *Radio Sans Frontières: Les jobs*

Philippe a lu dans le journal un article qui l'a beaucoup surpris. En voici le
gros titre . . .

LE GOUVERNEMENT DÉSESPÈRE
des centaines d'offres d'emploi laissées sans réponse

Il décide donc d'apporter une solution au problème en mettant directement
en contact les employeurs et les demandeurs d'emploi.

Écoutez l'émission et indiquez si les affirmations suivantes sont vraies ou
fausses. Corrigez les fausses:

1 **a** La première personne qui appelle propose un travail de secrétaire.
  b C'est un emploi qui nécessite beaucoup de patience.
  c La deuxième personne qui appelle est de Lyon.
  d Il cherche un travail à plein temps.
  e Il a sa propre voiture.
  f Il a un diplôme d'une école d'ingénieur.
  g Il n'a jamais travaillé.

2 Le premier emploi proposé est un peu original. Faites la liste des
personnes et des animaux dont il faut s'occuper:
  a _____   **d** _____
  b _____   **e** _____
  c _____

3 Maintenant faites la liste des activités dont la personne sera responsable.
Elle devra:
  a s'occuper des enfants entre 15 et 20 heures tous les jours
  b aller _____
  c surveiller _____
  d nourrir _____
  e _____ l'aspirateur
  f faire _____
  g _____ repassage
  h préparer _____

4 Réécoutez la section avec Xavier. Complétez la fiche ci-dessous:

Nom:	• Xavier Morel
Âge:	• _____
Lieu de résidence:	• Grenoble
Chômeur depuis:	• _____
Emploi recherché:	• emploi stable, à plein temps
Moyen de transport:	• _____
Diplômes:	• _____
Options:	• Comptabilité, _____
Expérience professionnelle:	• _____
Profil:	• Motivé, dynamique, performant _____ _____ _____

5 Que signifient ces deux verbes employés pendant l'émission?
a licencier
b embaucher

6 Rédigez deux petites annonces – une offre d'emploi qui correspond au premier job et une demande d'emploi de la part de Xavier.

7 🗨 Avez-vous déjà travaillé? Quel genre de travail chercherez-vous à l'avenir? Discutez-en en petits groupes.

PIÈCES DÉTACHÉES ## *La demande d'emploi*

Noms

l'annonce (f)	advert	Suite à l'annonce parue dans *Le Parisien* …
le chômage	unemployment	Je suis au chômage depuis trois ans
les commerciaux	sales staff	TV Câble recherche des commerciaux
les conditions de travail	work conditions	Quelles sont les conditions de travail?
un contrat	contract	Nous proposons des contrats à durée indéterminée
le demandeur d'emploi	job seeker	On va mettre en contact demandeurs d'emploi
l'employeur (m)	employer	… et employeurs
l'expérience professionnelle (f)	work experience	Qu'est-ce que tu as comme expérience professionnelle?

la formation	training, educational background	Vous avez quelle formation?
les horaires flexibles	flexible hours	
la lettre de candidature	job application letter	Tu rédiges vite ta lettre de candidature
l'offre d'emploi (f)	job ad	Regardons les offres d'emploi de L'Étudiant
le salaire	wage, salary	Le salaire sera supérieur au SMIC
le stage	work experience	J'ai fait un stage de 2 mois

Verbes

embaucher	to take on (staff)	J'offre 2 mois de salaire à l'entreprise qui m'embauchera
envoyer	to send	Il faut que tu leur envoies ton CV
licencier	to sack (staff)	La crise est arrivée et on m'a licencié
poser sa candidature	to apply for	… poser sa candidature à un poste
postuler pour	to apply for	… postuler pour un emploi
recruter	to recruit	Euro-Schools cherche à recruter des animateurs

Expressions

à temps partiel, à mi-temps	part-time	un contrat à temps partiel
à temps complet, à plein temps	full-time	

L'entreprise

Noms

les affaires	business	45% de nos affaires se font à Bordeaux
un chef d'entreprise	head of a company	Il faut pouvoir rencontrer un chef d'entreprise
la direction régionale	regional office	Nous avons dix directions régionales
la (grande) distribution	(big) retail outlets	Les particuliers, qui s'adressent à la grande distribution
un effectif (m)	staff, workforce	Nous avons un effectif de 200 personnes
l'entreprise (f)	firm	IBM Sud-Ouest s'intéresse principalement aux entreprises
la filiale	subsidiary	grâce aux filiales que nous avons créées
une grande surface	(big) supermarket	actions de vente en grande surface
la mission	task, aim	Notre mission, c'est de commercialiser
les particuliers	private individuals	On ne vend pas aux particuliers
les produits	products	le développement de nouveaux produits
le siège social	headquarters	Le siège social se trouve à Paris

Verbes

commercialiser	*to sell, to market*	Notre mission, c'est de commercialiser
être implanté/installé	*to be established*	Depuis quand êtes vous implantés à Marseille?
fabriquer	*to manufacture*	Notre mission est de fabriquer des composants
s'installer	*to set up*	la première entreprise qui s'est installée à Bordeaux-Lac
regrouper	*to bring together*	Le siège social regroupe plusieurs services

Sigles

ANPE	L'Agence Nationale pour l'Emploi	*Job Centre*
PME	Petites et Moyennes Entreprises	*small and medium-sized businesses*
SMIC	Salaire Minimum Interprofessionnel de Croissance	*minimum wage*

BILAN

1 You are looking for a full-time summer job. What would you say to the employee at the ANPE?

2 If you were asked *'Qu'est-ce que vous avez comme expérience professionnelle?'* what would you reply?

3 How would you answer the question *'Quelle est votre formation?'*

4 What question would you ask an employer to find out about salary and working hours?

5 Use the pronouns *en* or *y* in reply to the following questions, as in the example:

   On va au cinéma ce soir?   *Oui, on **y** va en bus?*
   a Elle achète souvent des CDs?   Oui, elle _____ tous les weekends.
   b Vous allez en France cet été?   Oui, nous _____ au mois de juillet.
   c Tu vas au supermarché ce
      soir?   Oui, je _____ vers sept heures.
   d Tu peux m'acheter du café?   Oui, je te_____ deux paquets.
   e Tu vas au concert ce soir?   Oui, je_____ avec Simone.

6 You're trying to track down *Données Sociales 1993*, a report based on French census data. Write a brief letter in French to L'INSEE (L'Institut National de la Statistique et des Études Économiques) in Paris requesting a copy.

7 Write an ad for yourself seeking a summer job in France. Organise your ad around the following headings:
   • Emploi recherché
   • Formation
   • Expérience professionnelle
   • Profil.

8 Select the missing word or words from the box below:

> fabriquent implantés siège social recrutons effectif filiale

  a Nous sommes _____ à Nantes depuis 1978.
  b Nous avons un _____ de 65 personnes.
  c Le ___ ___ se trouve à Paris et regroupe la direction générale et les services financiers.
  d Nous avons quatre usines qui _____ nos produits.
  e Nous _____ des candidats avec bac + 4.
  f La société Savalex, notre _____, assure la distribution de nos produits.

9 Fill in the gaps with **ce qui**, **ce que**, **qui** or **que**
  a Je ne sais pas _____ je voudrai faire comme carrière.
  b L'annonce _____ j'ai vue dans le journal date du 10 janvier dernier.
  c Expliquez-moi _____ je dois faire pour poser ma candidature à ce poste.
  d Hubert a rencontré Monsieur Lebas _____ lui a expliqué la mission d'IBM.
  e Le salaire _____ Kate va gagner est supérieur au SMIC.
  f _____ m'a étonné, c'est que IBM Sud-Ouest ne s'intéresse pas directement aux particuliers.

10 Rearrange these phrases to form a covering letter to a job application
  a Madame,
  b je me permets de vous proposer ma candidature au poste d'animateur-enseignant en anglais.
  c À la suite de votre annonce, parue le 16 mai dans *Le Figaro*,
  d et vous prie d'agréer, Madame, l'expression de mes sentiments distingués.
  e j'ai une formation de professeur d'anglais et une expérience professionnelle de deux mois dans une école de langues en Angleterre.
  f Comme vous pourrez le constater à la lecture de mon CV,
  g Je me tiens à votre disposition pour un entretien éventuel

unité 10 LES RELATIONS AU TRAVAIL

LA SITUATION

La candidature de Kate au poste d'hôtesse d'information a été acceptée et elle a rendez-vous à 10h30 avec Mme Gerbault, directrice de l'agence *Valeur Ajoutée*. Elle est accueillie par la secrétaire. Après lui avoir offert une tasse de café, Mme Gerbault lui fait visiter les bureaux de *Valeur Ajoutée* et la présente au personnel de l'agence.

Hubert, quant à lui, a été embauché par IBM Sud-Ouest. Donc il a dû quitter Reims pour aller s'installer à Bordeaux. Il profite d'un bref passage à Paris pour retrouver Édith. Ils se donnent rendez-vous à la terrasse d'un café. Ils parlent de Bordeaux et de Kate . . .

ÉCOUTER ET COMPRENDRE 1

🔲 *La première journée au travail*

Kate arrive à l'agence *Valeur Ajoutée* pour son rendez-vous avec Mme Gerbault. Elle est accueillie par Mme Lefabre . . .

1 Lisez les phrases ci-dessous. Puis, écoutez le dialogue et corrigez celles qui sont fausses:
   a Le bureau de Mme Gerbault se trouve au fond du couloir à gauche.
   b Kate prend du sucre dans son café.

    c Kate est présentée en premier à Mlle Dulac.

    d Mme Maurois est en réunion.

    e M. Ségalet dirige le service de publicité.

    f Il y a un vin d'honneur le 3 juillet pour célébrer les 10 ans de l'agence.

    g La salle de réunions sert aussi de salle de réceptions.

2 Avant de réécouter le dialogue, faites les deux activités suivantes:

    a Remettez dans le bon ordre les phrases de Kate et de la secrétaire:

        i À dix heures trente.

        ii Pourriez-vous patienter un petit moment? Elle ne va pas tarder.

        iii Bonjour, je suis Kate Cranfield, j'ai rendez-vous avec la directrice.

        iv Bon, je vais prévenir Mme Gerbault. Voilà c'est fait.

        v A quelle heure avez-vous rendez-vous?

    b . . . et les questions que pose Mme Gerbault à Kate:

        i Vous prenez du sucre?

        ii Je vous sers un café?

        iii Vous avez fait bon voyage?

        iv Bonjour Mademoiselle Cranfield. Comment allez-vous?

        v Si vous voulez bien me suivre . . .

    Écoutez le début du dialogue pour vérifier vos réponses.

3 Réécoutez la visite guidée de Mme Gerbault et indiquez sur le plan les différentes salles.

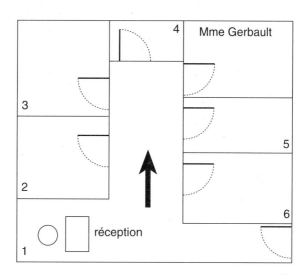

a **Toilettes**

b **M. Ségalet**
Service de publicité

c **Mlle Dulac**
Chef du personnel

d **Mme Maurois**
Service de comptabilité

e **Mme Lefabre**
Secrétariat

f **Salle de réunions**

4 Faites correspondre les deux parties des phrases:

a Je vais vous faire
i nous avons une grande salle de réunions.

b À côté de la réception
ii les toilettes.

c Au bout du couloir à gauche
iii c'est mon bureau.

d Ici au fond vous avez
iv se trouve le service de comptabilité.

e De l'autre côté du couloir
v se trouve le service de publicité.

f À droite du bureau de Mlle Dulac
vi visiter les lieux.

PHRASES-CLÉS 1

Premiers contacts

J'ai rendez-vous avec la directrice de l'agence

Je vais prévenir Madame Gerbault.
Pourriez-vous patienter un petit instant?

Bonjour Monsieur/Madame . . . Comment allez-vous?
Si vous voulez bien me suivre, mon bureau est au fond du couloir.
Asseyez-vous. Vous avez fait bon voyage?
Je vous sers un café?
Vous prenez du sucre?

Oui, je veux bien.
Non merci.

Je vous présente Monsieur/Madame . . .

Enchanté(e) . . .

ON VA PLUS LOIN

1 Dominique, le copain d'Hubert, est convoqué à un entretien d'embauche avec le directeur d'une PME à Lyon. Il se présente à l'accueil. Remplissez les blancs:

DOMINIQUE   Bonjour Madame. J'ai _____(a) avec M. Berger.
SECRÉTAIRE   À _____ _____(b) avez-vous rendez-vous?
DOMINIQUE   À deux heures.
SECRÉTAIRE   Bon . . . un instant je vais le _____(c) . . . Il ne va pas tarder. Pourriez-vous _____(d) un petit moment?
DOMINIQUE   Mais bien sûr.

M. BERGER   Monsieur De Witt? Robert Berger . . . Permettez-moi de vous présenter notre responsable du personnel, Madame Lambert.
DOMINIQUE   _____(e), Madame.

M. Berger	Mon bureau est au 1er étage. Si vous _____ _____ _____ _____(f)? Nous y serons mieux pour discuter.
Mme Lambert	Vous _____ _____ _____(g) voyage?
Dominique	Oui, excellent, merci. J'ai pris le TGV.
M. Berger	Je vous sers un café, Monsieur De Witt?
Dominique	Volontiers.
M. Berger	Vous prenez _____ _____(h)?
Dominique	Non, je le prends sans sucre mais avec une goutte de lait s'il vous plaît.

2 Le chargé des affaires extérieures présente le personnel de la société Stylex à un groupe d'actionnaires. Regardez d'abord l'organigramme de la société puis remplissez les blancs avec les mots encadrés:

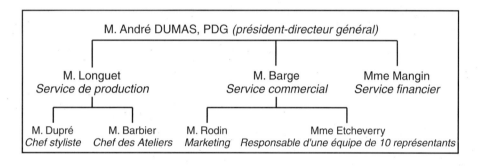

M. André DUMAS, PDG *(président-directeur général)*

M. Longuet
Service de production

M. Barge
Service commercial

Mme Mangin
Service financier

M. Dupré
Chef styliste

M. Barbier
Chef des Ateliers

M. Rodin
Marketing

Mme Etcheverry
Responsable d'une équipe de 10 représentants

> financier   président-directeur général   Longuet   présenter   Barbier
> commercial   s'occupe   équipe

Je voudrais vous _____(a) le personnel de notre société. Il y a d'abord M. André Dumas qui est le _____(b) de notre compagnie. Il a trois collaborateurs principaux dont M. _____(c) qui dirige le service de production et qui est assisté de deux collègues: M. Dupré qui est le chef styliste et M. _____(d) qui s'occupe des ateliers de production. Le second collaborateur est M. Barge qui est responsable de tout le côté _____(e). Il a deux assistants: M. Rodin qui _____(f) du marketing et Mme Etcheverry qui est responsable d'une _____(g) de dix représentants commerciaux. Enfin Mme Mangin, qui est à la tête du service _____(h).

3 ▣ Travail à deux: L'organisation d'une entreprise: l'un/e d'entre vous consultera la **Fiche 24A**, l'autre la **Fiche 24B**.

LA MÉCANIQUE 1   *Expressing politeness, the conditional form*

A EXPRESSING POLITENESS

Je **peux** m'asseoir?

Tu **veux** venir?

Il **faut** arriver avant 21 heures

Pourriez-vous patienter un petit moment?

Je **voudrais** vous présenter au personnel

Il **vaudrait mieux** ne pas déranger Madame Dulac

Look at the phrases on the left, taken from early dialogues in *En route vers l'Europe*. The first two were used in fairly informal situations. The third was said to Kate by Madame Dubreuil. Although the conversation was not 'informal', Madame Dubreuil had no need to be particularly polite.

Now look at the phrases on the right. They were used in a rather more formal context – to Kate on her first day at work. These phrases make use of the *conditional form* of the verb to mark politeness.

Il vaudrait is not the conditional form of **il faut**, but of another impersonal verb **il vaut**. **Il vaudrait mieux** translates as 'It would be better to . . .'. Rather than use **il faut** to tell someone directly what should or should not be done, you can use **il vaudrait mieux** to phrase an instruction as a polite suggestion.

B USING THE CONDITIONAL FOR POLITENESS

The conditional form of the verb sounds rather like the future tense and uses the same 'stem' (◄ see unit 4, p. 68), but it takes the endings of the imperfect (◄ unit 7, p. 114):

	travailler travailler	pouvoir pourr-	vouloir voudr-	être ser-
Je	travailler + **ais**	pourr + **ais**	voudr + **ais**	ser + **ais**
Tu	travailler + **ais**	pourr + **ais**	voudr + **ais**	ser + **ais**
Il/Elle/On	travailler + **ait**	pourr + **ait**	voudr + **ait**	ser + **ait**
Nous	travailler + **ons**	pourr + **ions**	voudr + **ions**	ser + **ions**
Vous	travailler + **iez**	pourr + **iez**	voudr + **iez**	ser + **iez**
Ils/elles	travailler + **aient**	pourr + **aient**	voudr + **aient**	ser + **aient**

1   Select the appropriate response for the following situations:
  a   A new colleague, who you don't know very well, has some problems at work. You think he should talk to the boss. What do you say?
    i   Va voir le directeur.
    ii Il faut aller voir le directeur.
    iii Il vaudrait mieux aller voir le directeur.
  b   You phone a French company to enquire about job possibilities. What do you say?
    i   Est-ce que je pourrais parler au directeur du personnel, s'il vous plaît?

    ii Passez-moi tout de suite le directeur du personnel.

    iii Je veux parler au directeur du personnel.

c You're working as a receptionist. How would you ask a French client to wait?

    i Pourriez-vous patienter un petit instant?

    ii Il faut patienter, Madame.

    iii Attends un instant.

d A French client phones to speak to a colleague who is not in the office. What do you say?

    i Rappelez cet après-midi.

    ii Pourriez-vous rappeler cet après-midi?

    iii Tu veux rappeler cet après-midi?

e On your way to the office where you have a job interview, you get lost. You ask a very formally dressed woman for directions. What do you say?

    i Où est le bureau de Monsieur Barge?

    ii Pardon Madame, pourriez-vous me dire où se trouve le bureau de Monsieur Barge, s'il vous plaît?

    iii Dis ... c'est où le bureau de Monsieur Barge?

C USING THE CONDITIONAL FOR SPECULATING

The conditional form is also useful for speculating about how things might be if reality were different. Notice how an imperfect tense is used after the *si*.

Hubert **serait** heureux *(conditional)*	si	Kate **venait** le voir à Bordeaux. *(imperfect)*

2 Match up the different possibilities on the left with an appropriate condition on the right using **si**.

a Édith irait voir Kate à Strasbourg

b Kate resterait en France

c Dominique étudierait l'anglais

d Philippe Jomain accepterait un travail à Paris

e Cécile partirait aux Etats-Unis

f Madame Dubreuil quitterait son emploi au CROUS

g Eurolangues ouvrirait une école à Strasbourg

  i si elle pouvait trouver un travail plus intéressant

  ii s'il avait plus de temps

  iii si elle avait moins de choses à faire à Paris

  iv s'il y avait moins de concurrence

  v s'il n'avait pas son appartement au Havre

  vi si elle avait déjà sa licence

  vii si elle avait de l'argent pour payer le voyage

3 Now answer the following questions, using the conditional form:

a Où iriez-vous si vous aviez la possibilité de voyager six mois de l'année?

b Que feriez-vous si vous aviez plus de temps libre?

c Que feriez-vous si vous aviez plus d'argent?

d Si vous pouviez faire n'importe quel travail, que feriez-vous?

STRATÉGIES   *Saying the right thing at the right time*

- Language is used differently in different situations. Imagine the French student who picks up such expressions as 'I'm knackered' or 'What a cock-up!' and then uses them indiscriminately at work in an international bank. However good his/her English, such an inappropriate use of language would create a very negative impression. On the other hand, English colleagues of the same age would find it ridiculous if s/he addressed them as 'Sir' or 'Madame'.

- In using a foreign language, you need to be aware of **register** – that is, the degree of formality of language. Three registers are generally identified: *le registre soutenu* = formal language; *le registre standard* = neutral, generally acceptable language; *le registre familier* = relaxed, familiar speech you would use to people whom you know well or who are part of the same 'group'. As a non-native speaker of French, it's better to stick to standard expressions than to use slang or highly formal language inappropriately.

- You've probably already noticed that the more formal the language is, the longer the constructions used. Politeness is often about expressing a message indirectly, as you can see below:

Viens manger à la maison!
Tu veux venir manger à la maison?
J'aimerais vous inviter à venir manger à la maison.

If you find the apparent complexity of polite expressions a little daunting, remember that in conversation at least

- just using *Je pourrais . . . ?* and *Vous pourriez . . . ?* with tentative intonation can make requests sound more polite
- prefacing with *Pardon* or *Excusez-moi* works well
- people will rarely take offence if you smile!

- Bear in mind that business situations in France tend to be more formal than in the Anglo-Saxon world and except for close colleagues, the **vous** form is generally used.

- One of the best ways to pick up appropriate language is to listen to and observe French speakers in different situations. Listen for 'social' language: the little expressions like 'Congratulations!', 'Have a good time' or 'Good luck' which oil the wheels of conversation. You'll hear quite a few in the next recording.

ÉCOUTER ET
COMPRENDRE 2

Dire bonjour, dire au revoir

1 Regardez les trois photos. Pour chaque photo, répondez aux questions ci-dessous:

   a À votre avis, les relations entre les deux personnes sont-elles personnelles ou professionnelles?

   b Que se disent-ils?

   c Quel registre de langue utilisent-ils?

A

B

C

2 Écoutez les trois conversations et identifiez la photo correspondant à chaque dialogue.

3 Répondez aux questions dans la grille ci-dessous:

Conversation	Où se trouvent-ils?	Se connaissent-ils depuis longtemps?	Travaillent-ils au même endroit?	Registre? (3 = soutenu, 2 = standard, 1 = familier)
1 2 3				

Savoir converser 2

Faites votre propre liste de phrases-clés. Réécoutez les trois dialogues et trouvez les équivalents en français des expressions suivantes:

a I haven't seen you for ages.
b How are you doing?
c How are the children?
d See you . . .
e Give my best wishes to Philippe.
f Of course I will (I won't forget).

g Thank you for your warm welcome.
h Thank you for coming.
i We're so pleased to have met you.
j We hope you'll come back and see us.
k I hope I'll have the pleasure of seeing you in France.
l That'll be a great pleasure.
m See you soon, I hope.
n Safe journey . . .
o Are you new here?
p Congratulations!
q Shall we have a coffee?
r Perhaps we could use 'tu'?

ON VA PLUS LOIN

1 Remettez dans le bon ordre les phrases suivantes. Quelles sont les relations entre les deux interlocuteurs?
  a Alors . . . Madeleine, un grand merci. Nous avons passé une excellente soirée.
  b Je n'y manquerai pas. Bonne route et à la prochaine . . .
  c Merci d'être venus. J'ai été très heureuse de vous revoir.
  d Nous aussi. Si tu passes à Reims, viens nous dire bonjour.

2 Choisissez la bonne réponse pour remplir les blancs. Indiquez les relations entre les deux interlocutrices:

> **i**   Le temps passe si vite! Eh bien voilà . . . je dois y aller. Ça m'a fait plaisir de te revoir.
> **ii**   Oui à l'école de commerce . . . Et toi, ta famille va bien?
> **iii**   Je vais très bien . . . je continue mes études, j'ai des examens dans deux semaines.
> **iv**   Ben oui. Je crois que c'était l'année dernière qu'on s'est vu pour la dernière fois.
> **v**   Je crois que je vais préparer une maîtrise en gestion.
> **vi**   . . . et dis bonjour à François

Bonjour Elisabeth. Ça fait longtemps que je ne t'ai pas vue.

a _____

Qu'est-ce que tu deviens?

b _____

C'est dur, les examens. Mais après, qu'est-ce que tu comptes faire?

c _____

Ah bon? Toujours au même endroit?

d _____

Ah oui . . . ma fille a maintenant trois ans.

e _____

Moi aussi . . . à la prochaine!

f _____

Je n'y manquerai pas.

3 Complétez la carte suivante que John Dalton écrit à un collègue français pour le remercier de la soirée qu'il a passée chez lui.

> Cher Pierre,
> Je vous remercie de votre a_____ si chaleureux lors de ma dernière v_____.
> J'ai gardé un excellent souvenir de la s_____ que j'ai passée chez vous. J'espère
> que j'aurai le plaisir de vous v_____ prochainement à Cambridge. Mes a_____
> à votre femme.
> Amicalement à vous
>
>   John

RÉVISION

1 Que feriez-vous si vous étiez riche? Inspirez-vous des illustrations ci-dessous pour dire comment vous dépenseriez votre argent:

(a)

(b)

(c)

(d)

(e)

(f)

(g)

Expressions utiles
Si j'étais riche je . . .
acheter
faire du ski
partir en vacances
donner mon argent à . . .
déposer à la banque
faire le tour du monde

2 🗩 Travail à deux: Entraînez-vous à faire la conversation! L'un/e d'entre vous prendra le rôle de Céline (**Fiche 25A**), l'autre celui d'André (**Fiche 25B**).

🖭 *Sur la terrasse d'un café parisien*

Hubert et Édith se sont donné rendez-vous à Paris à la terrasse d'un café. Hubert arrive en retard. Il s'est trompé de station de métro car il ne connaît pas bien Paris . . .

1 Écoutez toute la conversation et corrigez les affirmations qui sont fausses.
   a Édith attend Hubert depuis une demi-heure.
   b Le TGV entre Bordeaux et Paris a eu du retard.
   c Le voyage Bordeaux-Paris a duré trois heures.
   d Hubert vient du Nord de la France.
   e Bordeaux est une station balnéaire.
   f Hubert loge dans un meublé au centre-ville de Bordeaux.
   g Hubert adore les grandes villes.
   h Kate n'est pas heureuse à Strasbourg.
   i Hubert n'a pas eu de nouvelles de Kate.

2 **L'arrivée d'Hubert**
   Remettez dans le bon ordre ces phrases extraites du début du dialogue. Pour chacune, dites si c'est Hubert ou Édith qui l'a prononcée.
   a Ça fait plaisir de te revoir. Comment ça va?
   b Non, je suis là depuis dix minutes seulement.
   c Tu ne m'as pas attendu trop longtemps, j'espère?
   d Très bien, en pleine forme. Tu m'excuses, je suis en retard.
   e Assieds-toi. Je viens de commander un kir. Qu'est-ce que tu prends?

3 **Bordeaux**
   Écoutez encore une fois ce que dit Hubert sur la situation géographique de Bordeaux. Indiquez sur la carte ci-dessous *l'Océan Atlantique*, *la Garonne* et *l'estuaire de la Gironde*.

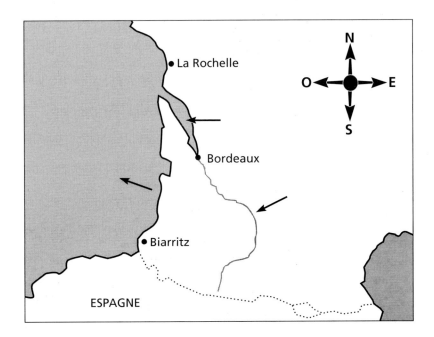

4 **Le nouveau travail d'Hubert**

Écoutez ce que dit Hubert concernant son nouveau travail et complétez les phrases ci-dessous:

a son travail   C'est _____ (i) mais c'est _____ (ii) car j'apprends beaucoup.

b ses collègues   C'est une équipe ____ ____ (i) et on _____ (ii) ensemble le midi. Quelquefois on prend ____ ____ (iii) ensemble.

c son logement   Je suis logé dans un meublé au ____-____.

d ses déplacements J'ai _____ heure de déplacement tous les matins pour aller au travail.

5 **La carte postale de Kate**

Écoutez les nouvelles de Kate et notez ce qu'elle a écrit sur les thèmes suivants:

a le temps   **b** le travail   **c** ses collègues

Maintenant, essayez de reconstituer le texte exact de sa carte postale.

6 **L'avenir**

Hubert pense que Kate l'a oublié. Écoutez la conclusion à partir de *Et moi alors? Elle m'oublie ou quoi?* Puis remplissez les blancs avec les verbes ci-dessous. Attention: il faut les mettre tous au temps du futur:

voir aller retrouver rendre téléphoner écrire

Mais non, mais non . . . elle te_____(a), j'en suis sûre . . . elle te _____(b) ou tu _____(c) la voir à Strasbourg ou je ne sais pas moi elle te _____(d) visite à Bordeaux, et un jour on se _____(e) tous à Paris, tu _____(f). Tiens, j'ai une idée, on va lui écrire une carte postale tous les deux.

7 **Le français familier**

Dans le dernier dialogue, vous aurez entendu les expressions suivantes qui relèvent d'un registre familier. Pour chaque expression, choisissez son équivalent en français standard:

a quand j'étais **gosse**   **i** malade   **ii** étudiant   **iii** enfant

b où se trouve ma **boîte**   **i** discothèque   **ii** lieu de travail   **iii** voiture

c J'espère que tu ne **bosses** pas trop   **i** oublies   **ii** t'inquiètes **iii** travailles

PHRASES-CLÉS 3

Partager ses impressions

Et le travail, **ça marche?**
Et Bordeaux, **(ça) te plaît?**

Positif: **C'est dur parce que** je viens de commencer, **mais c'est intéressant ... j'apprends beaucoup.**
Le plus important, c'est que je travaille avec une équipe très sympa.
Mes collègues sont très sympa.
Strasbourg **me plaît** énormément.
Je commence à bien connaître les restaurants de Strasbourg.

Négatif: **Le vrai problème, c'est que** je suis logé dans un meublé au centre-ville.
j'ai une heure de déplacement tous les matins.
C'est infernal aux heures de pointe.

ON VA PLUS LOIN

1 Dans le dialogue ci-dessous Roger demande à Agnès si elle aime son travail. Remplissez les blancs avec les expressions du dialogue:

ROGER Alors ton boulot, raconte ... ça _____ _____ (a)?

AGNÈS Oui c'est intéressant, j'apprends beaucoup mais je _____ (b) de commencer alors c'est _____ (c).

ROGER Pourquoi c'est dur?

AGNÈS C'est dur _____ _____ (d) je suis logée au centre-ville.

ROGER Et alors?

AGNÈS Alors le vrai problème _____ _____ (e) j'ai une heure de _____ (f) tous les matins _____ _____ (g) à ma boîte.

ROGER Elle se _____ (h) où, ta boîte?

AGNÈS Elle se trouve à la sortie de la ville près de la rocade.

ROGER Oui, alors j'imagine qu'aux _____ _____ _____(i) c'est infernal.

AGNÈS Voilà c'est ça. Mais le plus _____ (j) c'est que je travaille avec une équipe sympa.

ROGER Tant mieux!

2 💬 Travail à deux: Deux amis se téléphonent pour partager leurs impressions sur leurs nouveaux emplois. L'un/e d'entre vous consultera la **Fiche 26A** et l'autre la **Fiche 26B**.

LA MÉCANIQUE 2 *Revision of verb forms*

1 Put all the verbs in brackets into the correct **present** tense form:

La visite annuelle de Michael
Michael (**venir**) me voir tous les étés. Il (**prendre**) toujours l'avion et (**arriver**) à l'aéroport de Bordeaux en début d'après-midi. Je (**aller**) le chercher en voiture et nous (**aller**) immédiatement chez moi. Là nous (**prendre**) une bière, il se (**changer**), il (**défaire**) sa valise et nous (**partir**) au centre-ville en bus car on ne (**pouvoir**) jamais s'y garer. Quand nous (**descendre**) de l'autobus nous (**se rendre**) directement chez Jojo, le patron du restaurant '*le Candide*' qui nous (**servir**) un apéritif à la terrasse. Jojo et Michael (**se connaître**) depuis leurs études à l'université de Bordeaux et ils (**discuter**) ensemble de gastronomie française et de cricket. Je ne (**savoir**) pas si Jojo (**regarder**) le jeu du cricket à la télévision mais il en (**connaître**) toutes les règles. Nous (**boire**) toujours un apéritif et quelquefois Jojo nous en (**offrir**) un second. Puis nous (**passer**) l'après-midi à échanger nos nouvelles et nous (**écouter**) Jojo qui nous (**raconter**) des histoires amusantes sur ses clients.

2 Put the verbs in brackets into the **perfect** or the **imperfect** tense:

Les malheurs de M. Mulot
Quand M. Mulot (**arriver**) à la gare St Lazare ce matin, il (**avoir**) chaud. Comme il (**vouloir**) prendre une limonade il (**se diriger**) vers le café mais le café (**être**) fermé. Peu après le train (**entrer**) en gare. M. Mulot (**monter**) dans le train, (**refermer**) la portière et (**s'asseoir**). Puis il (**ouvrir**) son livre. Tout d'un coup il (**se rappeler**) qu'il avait oublié les fleurs pour sa nièce sur la table de la cuisine. Il (**se remettre**) à lire. À Caen il (**descendre**) du train et il (**acheter**) des œillets jaunes. Puis il (**prendre**) un taxi jusqu'à chez elle. Là il (**frapper**) à la porte au numéro 21 de la rue des Camélias. Personne ne (**répondre**). Il (**insister**). Tout d'un coup une voisine (**sortir**) de sa maison et elle lui (**dire**) 'Mlle Jaubin (**partir**) en vacances il y a deux jours'. Tout triste, M. Mulot (**reprendre**) le chemin de la gare . . . à pied. À la gare il (**vouloir**) boire une bière mais la buvette (**être**) en réparation. Alors il (**déposer**) les fleurs sur un banc et (**décider**) de prendre le premier train pour Paris. Arrivé au quai il (**voir**) écrit sur un panneau 'Grève: tous les trains sont annulés jusqu'à demain'.

3 In the following passage, put the verbs into the **future** tense:

Si je réussis à mes examens, mon père me (**donner**) de l'argent; je (**faire**) le tour du monde avec mon meilleur ami; nous (**visiter**) l'Amérique et l'Australie; je (**prendre**) plein de photos pendant que mon copain (**passer**) son temps à lire. Puis il (**falloir**) prendre le chemin du retour pour rentrer en seconde année.

4 In the following passage, put the verbs into the **conditional** form:

Si je terminais mes études cette année, je (**être**) très heureux; je (**aller**) en vacances pendant deux mois avec Sylvie. Nous (**faire**) ensemble le tour d'Europe. Nous (**aller**) d'abord en Espagne en train, puis nous (**prendre**) l'avion de Madrid jusqu'à Rome. Ensuite je (**aimer**) visiter la Grèce, mais je crois que Sylvie (**préférer**) passer plus de temps en Allemagne. Nous (**revenir**) en France au début du mois de septembre.

ÉCOUTER ET COMPRENDRE 4

Radio Sans Frontières: Faire le bilan

Dans cette dernière émission de *Cacophonie*, deux Britanniques font le bilan de leur année passée en France.

1 Écoutez la première partie avec Cécile et Philippe et répondez aux questions suivantes:
 a Pourquoi est-ce que Cécile reçoit beaucoup de courrier tous les jours?
 b Est-ce que Cécile est allée en Angleterre?

2 Écoutez toute l'émission et notez ci-dessous ce que disent Kate et John:

Kate	John
Durée du séjour	**Études**
à l'université de Reims:	à Edimbourg:
à Strasbourg:	**Objectif du séjour en France:**
Emploi:	
Bilan:	**Bilan:**
Points négatifs	Points négatifs
1	1
2	2
Points positifs	Point positif
1	1
2	**Projets pour l'avenir**
	1
	2
	3

© Airdiasol/Rothan

Strasbourg: La Petite France

3 🗨 Puis à partir de vos notes, reconstituez avec votre partenaire le bilan de Kate et de John:

Kate a passé ... à l'université de ... et ... dans une agence où elle travaillait comme ..., c'est-à-dire qu'elle renseignait .... Au début de son année elle ne ... pas bien le français, elle ne connaissait ..., il fallait tout le temps ... et puis sa bourse n'était pas .... Quand elle travaillait, elle gagnait ... mais ce n'était pas beaucoup. Sur le plan positif, elle s'est fait beaucoup ... en France et puis elle a fait ... en français. Avant elle n'avait aucune ...; maintenant elle adore ... et voudrait ....

John a commencé ses études à ... pour devenir .... Il a décidé de faire son ... en France. Ce qui lui manquait en France c'était .... Pendant son séjour, il a rencontré .... Maintenant il doit terminer ... puis il reviendra en ... pour ....

4 Maintenant à vous de faire un bilan sur vos études du français.
  • Vous étudiez *En route vers l'Europe* depuis:
  • Vos objectifs pour étudier le français sont:
  • Vos progrès:
  • Vos problèmes:
  • Vos intentions pour continuer à pratiquer le français:
  • Ce que vous avez bien aimé dans *En route vers l'Europe*:
  • Ce que vous avez moins aimé:
          Bonne chance pour l'avenir et bonne route!

PIÈCES DÉTACHÉES

Au travail

Noms

l'administration générale	*central administration*	
le chef	*head*	le chef du personnel
le déplacement	*travelling*	J'ai une heure de déplacement tous les matins
l'équipe (*f*)	*team*	Elle vient renforcer notre équipe
le/a responsable	*person responsible for*	la responsable du personnel
la réunion	*meeting*	Elle est en réunion
le secrétariat	*main office*	
le service de comptabilité	*accounts department*	
le service financier	*finance department*	
le service du personnel	*personnel department*	
le service de publicité	*advertising department*	
le service technique	*production department*	
le service des ventes	*sales department*	
un vin d'honneur	*reception*	Nous avons un vin d'honneur le 23 juillet

Verbes

avoir (un) rendez-vous	*to have an appointment*	J'ai rendez-vous avec Mme Gerbault
diriger	*to be at the head of*	Il dirige le service de comptabilité
être assisté de	*to be assisted by*	Il est assisté de deux collaborateurs
faire visiter	*to show around*	Je vais vous faire visiter les lieux
s'occuper de	*to be responsible for*	Il s'occupe du département de . . .
patienter	*to wait*	Pourriez-vous patienter?
présenter	*to introduce*	Je vous présente M. Dalton
prévenir	*to let someone know*	Je vais la prévenir
servir de	*to be used for*	Cette salle sert aussi de salle de réceptions
suivre	*to follow*	Si vous voulez bien me suivre
tarder	*to be long*	Elle ne va pas tarder

Parler de changements

Verbes

s'adapter à	*to adapt (oneself) to*	Il faut un certain temps pour s'adapter à une ville
avoir l'habitude de	*to be used to*	Tu n'as pas l'habitude des grandes villes

Expressions

sur le plan négatif	*on the negative side*	Sur le plan négatif, il y a deux points
positif	*positive*	

Relations amicales

Verbes

avoir des nouvelles de	*to have news of*	Tu as eu des nouvelles de Kate?
faire la connaissance de	*to make the acquaintance*	Je suis très heureux (heureuse) d'avoir fait votre connaissance
se faire des amis	*to make friends*	Je me suis fait beaucoup d'amis en France
prendre un pot ensemble	*to go for a drink together*	Quelquefois on prend un pot ensemble
remercier de	*to thank*	Je vous remercie de votre accueil
rendre visite à (quelqu'un)	*to visit (someone)*	Elle te rendra visite à Bordeaux.

Expressions

manquer	*to miss, to fail (to do something), to lack*
1 Édith a manqué le train	*Edith missed the train*
2 Je n'y manquerai pas	*I shan't forget/Of course, I will . . .*
3 Mon village me manque	*I miss my village*
Ce qui me manquait le plus	*What I missed most . . .*

BILAN

1 You have a meeting with Madame Lambert at eleven o'clock. What do you say at reception?

2 You have been asked to welcome a French visitor, who is now waiting at reception. How would you:
   a introduce yourself
   b ask her whether she had a good journey
   c enquire whether she would like a cup of coffee

3 Write down the names of at least three more possible departments in a French firm:
   a *le service financier*
   b
   c
   d

4 Here is the layout of the offices where you work. How would you explain to a visitor how to find your office (room 303) from the ground floor?

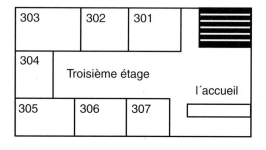

5 You're working at the reception desk in a hotel. You're on the phone when a French guest arrives. How would you ask him politely to wait a moment?

6 You arrive late for a meeting with a French friend. What would you say to:
  a apologise?
  b explain you got on the wrong bus?
  c suggest going for a drink?

7 What would you say in the following situations:
  a as you leave, after a formal dinner party given by people you don't know well
  b after a friend has just announced he's been offered a job
  c as friends set out on a long car journey to Marseille.

8 Complete the following sentences, using verbs in the conditional form:
  a Si je pouvais vivre n'importe où dans le monde, je . . .
  b Si j'avais la possibilité de faire des études différentes, je . . .
  c Si j'avais plus de temps, je . . .

9 Write a short postcard to a French friend, telling him/her:
  • what you're doing at the moment
  • what the people you work or study with are like
  • what the town you are living in is like
  • suggesting he/she comes over for a weekend.

10 What does the future look like? Put the verbs in brackets into the future tense.
  a Kate (**repartir**) en Angleterre, elle (**travailler**) beaucoup pour réussir à sa licence. À la fin de ses études elle (**avoir**) envie de retourner en France.
  b Édith (**terminer**) sa licence en droit et (**faire**) une maîtrise. Elle (**travailler**) à mi-temps pour Amnesty International. Elle (**perfectionner**) son anglais. Puis, elle (**aller**) travailler à Bruxelles.
  c Hubert (**s'ennuyer**) à Bordeaux et (**chercher**) un poste à l'étranger, peut-être en Angleterre

FICHES D'ACTIVITÉS

FICHE **1A** *Activité 1*

Votre voisin/e a changé d'identité. Posez-lui des questions pour savoir:
 Son nom:
 Son adresse:
 Son numéro de téléphone:
Ensuite, vous changerez de rôle.

Activité 2

Voici votre nouvelle identité. Transmettez ces informations à votre voisin/e.

Nom:	Alphonse Audibert
Adresse:	54, rue Mouffetard
	PARIS 75005
Tél:	43-50-30-14

FICHE **2A** Vous travaillez pour une école de langues en Angleterre qui reçoit des étudiants français. Vous n'avez pas toutes les informations nécessaires sur les nouveaux étudiants. Vous téléphonez à votre collègue en France pour compléter vos informations sur les étudiants suivants. C'est vous qui commencez:

Nom:	Elisabeth Chabrier	Nom:	Jérôme _____?	Nom:	Jeanne Clément
Adresse:	_____?	Adresse:	12, rue du Collège	Adresse:	_____?
	PARIS 75016		_____?		PARIS 75006
Tél:	_____?	Tél:	26-03-51-42	Tél:	_____?
Études:	littérature américaine	Études:	_____?	Études:	géographie

Expressions utiles
- *Bonjour Pierre. C'est moi, John.*
- *Je voudrais vous poser quelques questions.*

FICHE 3A

Activité 1

Vous allez réaliser un sondage (*survey*) en posant des questions à d'autres étudiants. Vous commencez ainsi:

'Pour vous, **apprendre le français**, c'est facile, difficile ou vous ne savez pas?'

	Facile	*Difficile*	*Ne sait pas*
• apprendre le français • utiliser un dictionnaire bilingue • apprendre à conduire • apprendre à utiliser un ordinateur			

Activité 2

Changez maintenant de rôle. C'est votre voisin/e qui vous posera des questions.

FICHE 4A

Vous travaillez comme secrétaire à l'école de langues **Bertier**. Votre voisin/e joue le rôle d'un/e client/e qui s'intéresse à vos cours de français langue étrangère. C'est lui/elle qui parlera le premier. Vous le renseignez (*inform*) à partir des informations suivantes:

* tous les professeurs sont des natifs
* il y a une médiathèque et un laboratoire de langues
* **Français (langue étrangère):** Cours de 20 semaines

Débutant:	lundi, mercredi	18h à 20h
Intermédiaire:	mardi, mercredi	18h à 20h
Avancé:	mercredi, jeudi	18h à 20h

* Frais d'inscription (prix):   990F

Si le/la client/e veut s'inscrire, prenez ses co-ordonnées: son nom, son adresse, son numéro de téléphone.

FICHE 5A

Vous passez vos vacances dans un camping bien équipé. Vous posez des questions à votre voisin/e pour savoir si les équipements suivants sont ouverts le dimanche. Notez ses réponses.

la laverie (*launderette*)
la salle de ping pong
le bar

De son côté, votre voisin/e vous demandera d'autres renseignements. Heureusement vous pouvez l'aider:

la boîte de nuit: *ouverte tous les soirs, sauf le dimanche*
la piscine: *ouverte le week-end de 9h à 19h*
le supermarché: *ouvert le week-end de 14h à 17h*

FICHE 6A

Vous travaillez à l'accueil du Centre des Congrès de Reims. À la dernière minute, le programme a été changé. Votre voisin/e jouera le rôle d'un/e congressiste qui se présente à l'accueil. Vous lui communiquez les changements (marqués ci-dessous). C'est lui/elle qui parlera en premier.

7h à 9h	Petit déjeuner	~~Cafétéria~~ Restaurant	~~1~~ étage 3
~~9h~~ à 10h30 *(9h30)*	Séance d'ouverture	Salle 1	rez-de-chaussée
10h30 à 11h	Pause-café	Salon	1 étage
11h à 12h30	Ateliers: Groupe A	Salle 3	1 étage
	Groupe B	Salle 5	2 étage
14h30	Groupe C	Salle ~~4~~ 2	~~2 étage~~ rez-de-chaussée
12h30 à ~~14h~~	Déjeuner	Restaurant	3 étage

FICHE 7A

Vous assistez à un colloque au Centre des Congrès de Reims. Vous venez de sortir de la salle de conférence. Vous avez un plan du centre, mais vous ne trouvez pas:

- la salle multimédia
- les salles de séminaires
- un distributeur automatique de billets (*a cash dispenser*)

Demandez des renseignements à votre voisin/e. Il/elle aura par la suite des renseignements à vous demander. C'est vous qui engagez la conversation.

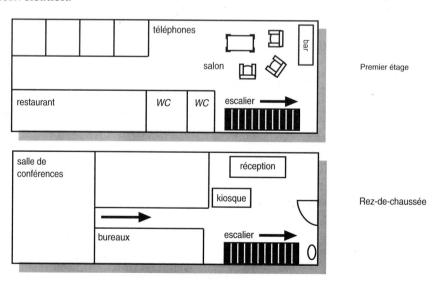

FICHE 8A *Activité 1*

Posez des questions à votre voisin/e pour savoir le genre de film qu'il/elle préfère. Notez ses réponses, consultez la grille ci-dessous et donnez-lui le nom d'un film qui corresponde à ses goûts.

Expressions utiles

- *Il y a un excellent film science-fiction/dessin animé au Hollywood*

Nom du film	Genre	Cinéma	Séance
Histoire sans Fin	Science-fiction	Hollywood 15, boulevard Saint-Martin	18h30
Charlie	Dessin animé	St. Lambert 115, rue Clichy	19h45
Boom!	Comédie	Panorama 17, rue des Pyrénées	21h00

Activité 2

Changez de rôle. C'est votre voisin/e qui vous posera des questions. Vous détestez les films d'horreur, vous n'aimez pas trop les films historiques, mais vous aimez beaucoup les films policiers. Votre voisin/e va vous proposer un film. Demandez-lui l'adresse du cinéma et l'heure de la séance.

FICHE 9A *Activité 1*

Un/e ami/e vous téléphone pour vous inviter à dîner au restaurant. Notez le nom et l'adresse du restaurant, ainsi que l'heure et le jour du rendez-vous. Puis, changez de rôle.

Activité 2

Vous téléphonez à un/e ami/e pour l'inviter à dîner au restaurant. Donnez-lui rendez-vous:
- après-demain à 20h30
- au restaurant 'Vieux Paris', 2, place du Panthéon, dans le 5ème arrondissement
- le métro le plus proche, c'est Luxembourg

FICHE **10**A

Activité 1

Vous téléphonez au restaurant *'Chez François'* pour réserver une table. C'est votre voisin/e qui répond au téléphone. Vous voulez réserver:
- une table pour sept personnes
- pour le lundi 15 décembre à 20h

Vous voulez savoir l'adresse du restaurant et la station de métro la plus proche.

Activité 2

Changez de rôle. Vous travaillez au restaurant *'La Marmite'*. Vous répondez au téléphone et prenez la réservation. C'est vous qui parlez le premier. Votre restaurant se trouve à 25, rue Mouffetard, Paris 5ème, (métro Monge).

FICHE **11**A

Activité 1

Vous voulez parler aux personnes suivantes qui travaillent aux **Éditions Brocart**. Au standard on vous annonce à chaque fois que la personne a changé de numéro. Notez le nouveau numéro.

Nouveau numéro

Monsieur Charles Lemaire
Madame Annie Brocart
Madame Suzanne Audibert

Activité 2

Changez de rôle. Vous travaillez au standard à l'**Institut Bertier**. On vous demande les personnes suivantes mais leurs numéros ont changé. Vous donnez le nouveau numéro:

	Nouveau numéro
Monsieur Alain Bertier	75-15-23-44
Madame Christine Dubuis	75-09-56-67
Madame Hélène Latour	77-59-21-07

Expressions utiles
- *Institut Bertier . . . Bonjour . . .*
- *Je suis désolé/e mais Madame/Monsieur . . . a changé de numéro.*
- *Son nouveau numéro, c'est le . . .*

FICHE 12A

Vous désirez passer une semaine à Anglet dans un petit hôtel calme, avec un parking, près de la plage. Vous décidez de téléphoner à l'**Hôtel Les Pins**. Voici votre liste de questions.

Check: Hôtel Les Pins, 86, Avenue de l'Adour, Anglet 64 600, tel. 59-63-12-08
- Book double room with shower 1st September – 7th September
- Check price: is breakfast included?
- Check where the hotel is – how far is the beach?
- Car park?
- Is there a restaurant?
- Do they want a deposit?

FICHE 13A

Activité 1

Vous répondez au téléphone. C'est un/e ami/e britannique qui vous téléphone pour confirmer son arrivée à Paris.
- Notez le jour et l'heure de son arrivée.
- Expliquez que vous irez le/la chercher en voiture et qu'il/elle doit attendre devant la gare.

Activité 2

Cette fois, c'est vous qui engagez la conversation. Vous téléphonez à votre ami/e britannique.
- Vous confirmez votre arrivée chez lui/elle dimanche soir à l'aéroport de Gatwick à 17h30.
- Notez l'endroit où il faut attendre votre ami/e.

FICHE 14A

Activité 1

C'est vous qui parlez le/la premier/ière. Vous passez les trois coups de téléphone suivants. Notez les réponses de votre voisin/e si c'est nécessaire.

1 Vous téléphonez à votre ami Albert.

2 Vous appelez la gare au 85-10-12-59.

3 Vous faites le 59-12-14-96. Vous voulez parler à M. Drouet. Vous arrivez à Reims demain par le train de 16h30.

Activité 2

Maintenant c'est votre voisin/e qui vous téléphone. Vous lui répondez en fonction des informations ci-dessous. Notez tout renseignement important.

1 Votre numéro est le 27-59-68-95. Vous êtes réceptionniste. Vous travaillez pour M. Hublot, dentiste.

2 Vous êtes Antoinette. Vous partagez un appartement avec Anne. La ligne est mauvaise. Demandez à la personne de répéter. Anne est absente. Elle rappellera.

3 Amélie n'est pas à la maison. Elle rentrera vers 20 heures. Y a-t-il un message à prendre?

FICHE 15A

Activité 1

Votre ami/e vient d'arriver à la gare de Strasbourg. Vous lui posez des questions sur son voyage et commentez ses réponses. Puis vous lui offrez quelque chose à boire. Vous pouvez employer les expressions suivantes:

- *Tu as fait bon voyage?*
- *Qu'est-ce qui s'est passé?*
- *Tu as eu de la chance!/Tu n'as pas eu de chance!*
- *Et alors?*
- *Allez viens, je t'offre un verre. Qu'est-ce que tu prends?*

Activité 2

Changez de rôle. Vous arrivez à la gare de Grenoble où votre ami/e vous attend. Il/elle vous demande si vous avez fait bon voyage. Votre voyage s'est mal passé.

Avant de raconter votre voyage, préparez votre histoire à partir des phrases ci-dessous:

Pour commencer . . .
- je suis arrivé/e en retard à la gare.
- j'ai oublié mon walkman dans le taxi.

Puis . . .
- j'ai oublié de composter mon billet.
- j'ai perdu mon billet.

J'ai expliqué au contrôleur . . .
- mais il n'a pas compris,
- heureusement il a compris,
- et il m'a donné une amende.
- et il ne m'a pas donné d'amende.

Finalement je suis descendu/e trop vite du train . . .
- et mon porte-monnaie est tombé de mon sac.
- et mon livre est resté dans le train.

FICHE **16A**	Posez à votre voisin/e les questions nécessaires pour compléter vos notes. À son tour, votre voisin/e vous posera des questions sur les informations que vous avez rassemblées. N'oubliez pas de lui répondre en mettant les verbes entre parenthèses au **passé composé**.

Expressions utiles

- *Monsieur X, qu'est-ce qu'il a fait à 10h25?*
- *Est-ce qu'on a retrouvé sa valise?*

10h25	_____
10h30	il (trouver) une place dans un compartiment non-fumeur.
10h40	_____
11h00	le contrôleur (vérifier) son billet.
11h10	_____
11h40	il (quitter) le compartiment.
11h45	_____
11h50	au bar il (parler) à un jeune homme dans une langue étrangère. Personne ne l'a revu depuis …
Sa veste	On la (retrouver) dans les toilettes, un vieux billet d'avion New York–Paris dans la poche.
Sa valise	_____

Votre conclusion:

FICHE **17A**	Vous êtes Dominique Jolivet. Vous êtes en stage en Angleterre. Vous rencontrez un/une autre Français/e dans un pub. En vous basant sur les notes ci-dessous, vous parlez de vous et de vos impressions sur l'Angleterre. Notez tout ce que vous avez en commun.

Avant de commencer la conversation, préparez une liste de questions pour vous aider à maintenir la conversation.

Dominique Jolivet

En Angleterre	Étudiant/e à Southampton
	Stage d'anglais de trois mois
Lieux visités:	Bournemouth, pays de Galles
Impressions:	Le pays de Galles ressemble à la Bretagne
	Les villes de la côte sud sont très touristiques
	Les Anglais sont très sympathiques, un peu réservés

En France	
Ville d'origine:	Nantes
Formation:	BTS (Brevet Technique Supérieur) en Tourisme
Expérience professionnelle:	Employé/e: agence de voyage: 8 mois

Activité 1

Vous voulez comparer l'évolution du taux de chômage en France avec celle du Royaume-Uni. Le graphique ci-dessous correspond aux données pour la France. Demandez à votre voisin/e de vous décrire l'évolution du taux de chômage pour le Royaume-Uni. Dessinez la courbe sur votre graphique.

Activité 2

Changez de rôle. Décrivez à votre voisin/e la courbe qui correspond à l'évolution du chômage en France.

Expressions utiles:
* *Le taux de chômage était de . . . . . . en 19 . . . . . .*
* *Il a augmenté jusqu'à . . . . . . pour cent en 19 . . . . . .*
* *Entre 19 . . . . . . et 19 . . . . . . il a diminué jusqu'à . . . . . . pour cent.*

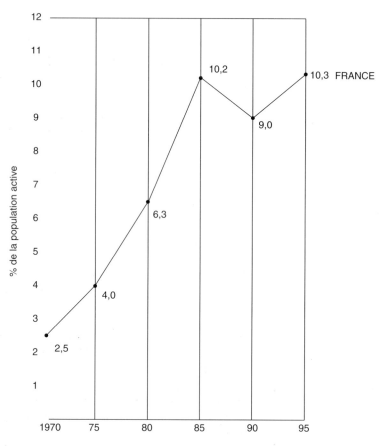

Taux de chômage (moyenne annuelle)

Activité 3

À partir de votre graphique, remplissez les blancs dans les phrases ci-dessous:

  a En 19_____, le taux de chômage au Royaume-Uni a atteint 11,5%.
  b Entre 1980 et 1985, le taux de chômage en France a _____ de 3, 9%.
  c Entre 1985 et 1990, le taux de chômage a _____ au Royaume-Uni de 6%.

FICHE 19A

Activité 1

Votre voisin/e veut se renseigner sur le 1er cycle de l'enseignement secondaire qui correspond au **collège**. Répondez à ses questions à partir de la grille ci-dessous:

Examen: **Le Brevet des Collèges**	Les élèves passent le brevet à la fin de la 3ème. Cela correspond à peu près aux GCSEs. Il faut le réussir avec de bonnes notes pour être admis **au lycée.**
3e (troisième) – 15 ans **4e (quatrième) – 14 ans**	Les élèves apprennent une seconde langue vivante et peuvent choisir certaines options.
5e (cinquième) – 13 ans **6e (sixième) – 12 ans**	Les élèves suivent les mêmes programmes: Français, Mathématiques, Histoire, Géographie, Économie, première Langue vivante, Éducation civique, Sciences physiques, Biologie, Éducation artistique et sportive, etc. . . .

(1er cycle)

Activité 2

Maintenant c'est à vous de vous renseigner sur le 2ème cycle de l'enseignement secondaire qui correspond au lycée. Posez les questions ci-dessous à votre voisin/e et notez ce qu'il/elle vous dira:

• Quelle est la durée du second cycle de l'enseignement secondaire?
• Quand est-ce que les lycéens choisissent les options qui mènent aux différents baccalauréats?
• À quel âge passe-t-on le bac?
• Combien de baccalauréats y a-t-il?
• Si on réussit au bac, qu'est-ce qu'on peut faire après?

Activité 1

Votre voisin/e voudrait arrêter ses études de psychologie et faire une école supérieure de gestion avec possibilité de faire un stage dans un pays étranger. Vous lui téléphonez pour lui dire que vous avez trouvé une publicité qui pourrait l'intéresser. Vous répondez à ses questions sur la formation suivante:

Un partenariat école / entreprise, une formation internationale

ESIAE: les nouveaux horizons

ESIAE

ÉCOLE SUPÉRIEURE INTERNATIONALE D'ADMINISTRATION DES ENTREPRISES

■ Diplôme de l'ESIAE Paris Homologué niveau 2 (Maîtrise).

■ Admission: Bac + concours d'entrée.

■ Admissions parallèles en 2ème et 3ème années (titulaires d'un diplôme Bac+2 et Bac+3).

■ Rentrée possible en Février pour une 1ère année accélérée.

■ Un programme de management international en 4 ans avec une orientation professionnelle Finance ou Marketing dès la 2ème année.

■ Les étudiants effectuent en 3ème année, 5 mois minimum de stage international dans le pays de leur choix.

■ Modules de spécialisation en 4ème année.
Huit modules de spécialisation parrainés par une entreprise sont proposés aux étudiants en 4ème année de l'ESIAE Paris:
• Eco-Industries / CIE GÉNÉRALE DES EAUX.
• Hôtellerie Industrielle / Académie ACCOR.
• Vente – Négociation Internationale / GESTETNER.
• Gestion Finance d'entreprise / Cabinet d'Audit et d'expertise Comptable GUERARD VIALA.
• Création d'entreprise / Magazine CONQUERIR.
• Publi-Promotion / Centrale d'Achat de Cadeaux d'Affaires E.B.C.
• Assurance Gestion des Risques / Cabinet Yves MENEL.

RESEAU ESIAE:
PARIS: 63, BD EXELMANS - 75016 PARIS - TEL: (1) 46 51 51 26

---

parrainé - *supported by*

Activité 2

Vous vouliez devenir vétérinaire mais vous avez échoué au DEUG. Comme vous aimez toujours les animaux, vous décidez de faire une formation d'aide-vétérinaire. Votre voisin/e vous téléphone pour vous parler d'une publicité pour une formation d'aide-vétérinaire. Vous lui posez des questions sur:

- les conditions d'admission
- la formation
- les stages
- les débouchés

Vous lui demandez l'adresse et le numéro de téléphone de l'institut.

FICHE **21A**

Activité 1

On vous a dit que l'organisation *Mary Poppins* à Paris propose des postes *d'au pair* dans toute l'Europe. Vous avez 25 ans, vous êtes britannique et vous parlez le français et l'espagnol. Vous cherchez un emploi, de préférence à l'étranger, pour l'année qui vient. Vous êtes non-fumeur et vous avez fait beaucoup de baby-sitting. Vous téléphonez à *Mary Poppins* pour vous renseigner. C'est vous qui commencez . . .

Activité 2

Maintenant, changez de rôle. Vous travaillez au Comité de la Foire de Marseille en tant qu'administrateur et vous cherchez une personne pour vendre des produits gastronomiques régionaux. Le téléphone sonne . . . Vous répondez aux questions. Puis, vous notez les coordonnées du/de la candidat/e.

Poste à pouvoir:	Animateur/animatrice entre 21 et 30 ans
Profil:	Excellente présentation, parlant l'anglais couramment plus une seconde langue étrangère. Aimant le contact avec les clients, expérience commerciale de préférence
Période:	Du 20 septembre au 2 octobre, de 8 heures à 18 heures
Rémuneration:	SMIC

Coordonnées du/de la candidat/e:
  Nom:
  Numéro de téléphone:
  Âge:
  Langues étrangères:
  Expérience professionnelle:

FICHE 22A

Posez des questions à votre voisin/e pour remplir les blancs dans le CV ci-dessous. Il/elle vous posera d'autres questions à son tour.

Nom:	**Dowman Michael**
Adresse:	22 Church Road _____
Tél:	_____
Date de naissance:	_____
Nationalité:	britannique
Formation:	• 1992–1995 _____
	• 1991 A Levels (équivalent au baccalauréat)
	Options: _____
	• 1989 GCSE
	Options: Mathématiques, Physique,
	Biologie, Anglais, Chimie,
	Français, Géographie, Histoire
	• 1984–1991 Hurstpierpoint College (Lycée)
Expérience professionnelle:	• été 1994 Stage de 6 semaines à American Express, Brighton
	• été 1993 _____
Divers:	• Permis de conduire
	• _____
Loisirs:	• Photographie et lecture
	• _____

FICHE 23A

Travaillez avec votre voisin/e pour remplir la fiche suivante sur l'entreprise MICHAUD. Posez-lui les questions nécessaires pour remplir la fiche.

SOCIÉTÉ MICHAUD	
NOM DU DIRECTEUR	_____
DATE DE CRÉATION	1968
SIÈGE SOCIAL	_____
EFFECTIF	130 personnes
MISSION	_____
NOMBRE DE FILIALES	_____
MISSION DES FILIALES	la distribution des produits

FICHE 24A Vous voulez en savoir plus sur la société Maréchal qui fabrique des jouets en bois. Posez des questions à votre voisin/e afin de remplir les cinq trous dans l'organigramme suivant:

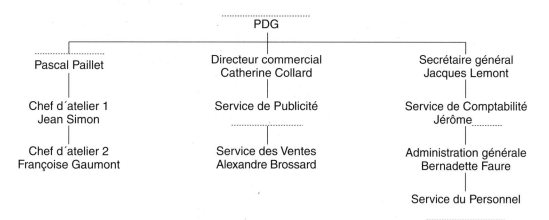

MARÉCHAL
Fabricants de jouets en bois

PDG

Pascal Paillet

Directeur commercial
Catherine Collard

Secrétaire général
Jacques Lemont

Chef d'atelier 1
Jean Simon

Service de Publicité

Service de Comptabilité
Jérôme

Chef d'atelier 2
Françoise Gaumont

Service des Ventes
Alexandre Brossard

Administration générale
Bernadette Faure

Service du Personnel

Expressions utiles
Savez-vous qui est à la tête du service commercial?
Savez-vous quelle est la fonction de Madame Faure?
Pourriez-vous me dire le nom du directeur commercial?

FICHE 25A *Activité 1*

Vous êtes Céline. Vous rencontrez André dans le train. Vous ne vous êtes pas vus depuis le lycée. C'est vous qui engagez la conversation. Vous lui posez des questions sur:

- ses études ou son travail
- sa petite amie
- son frère Patrice

Vous répondez à ses questions à partir des informations suivantes:

- Vous préparez un DEA d'anglais à l'université de Nancy.
- Depuis 3 mois, vous avez un nouveau petit ami qui s'appelle Peter. Il est anglais.
- Vos parents sont allés vivre dans le Midi, puisque votre père est maintenant à la retraite.

FICHE 26A

Vous téléphonez à un/e ami/e. Vous venez tous/toutes les deux de commencer un nouveau poste, vous à Paris, votre ami/e à Lyon. Discutez à partir des notes ci-dessous:

Questions à poser à votre ami/e
- New job? Since when? What's it like?
- Where does he/she live?
- What's Lyon like?
- Social life?

Votre situation . . .
- New job: in Paris, started 2 months ago, very boring, not learning much
- Getting to work: $1\frac{1}{2}$ hours by métro and RER
- Colleagues: very nice, drinks together after work
- Paris: great, starting to know it well; lots of cinemas, seen a lot of good films
- Social life: good friend at work, been out for meals three times problem: he/she's leaving for US

FICHE 1B

Activité 1

Voici votre nouvelle identité. Transmettez ces informations à votre voisin/e.
    Nom: Josephine Bourdieu
    Adresse: 7, rue Maes
                 BRUXELLES 1500
    Tél: 649-12-06
Ensuite, vous changerez de rôle.

Activité 2

Votre voisin/e a changé d'identité. Posez-lui des questions pour savoir:
    Son nom:
    Son adresse:
    Son numéro de téléphone:

FICHE 2B

Vous travaillez en France pour une école de langues britannique qui reçoit des étudiants français. Votre collègue britannique vous téléphone pour vérifier ses informations. Vous lui répondez à partir des informations ci-dessous:

Nom:	Elisabeth Chabrier	Nom:	Jérôme Steinfeld	Nom:	Jeanne Clément
Adresse:	148, avenue Malakoff PARIS 75016	Adresse:	12, rue du Collège REIMS 51004	Adresse:	18, avenue Cotta PARIS 75006
Tél:	41-02-10-28	Tél:	26-03-51-42	Tél:	41-12-05-19
Études:	littérature américaine	Études:	informatique	Études:	géographie

FICHE 3B

Activité 1

Répondez aux questions de votre voisin/e. Ensuite vous changerez de rôle.

Activité 2

Vous allez réaliser un sondage (*survey*) en posant des questions à d'autres étudiants. Vous commencez ainsi:
'Pour vous, **parler français**, c'est facile, difficile ou vous ne savez pas?'

	Facile	*Difficile*	*Ne sait pas*
• parler français • comprendre la grammaire française • apprendre à nager • vous réveiller le matin			

FICHE 4B

Vous cherchez un cours de français d'environ 15 à 20 semaines. Vous vous adressez à l'école **Bertier**. Vous parlez à la secrétaire. Vous voulez savoir:

• si tous les professeurs dans l'école sont des natifs
• s'il y a un laboratoire de langues
• les horaires pour les cours du soir, niveau intermédiaire (vous n'êtes pas libre le mercredi soir)
• les frais d'inscription (le prix)

Si vous êtes satisfait/e, inscrivez-vous. Votre adresse à Paris, c'est 185, boulevard Exelmans, Paris 75016. Tél: 41-45-67-32.

FICHE 5B

Vous passez vos vacances dans un camping très bien équipé. Votre voisin/e vous demande si certains équipements sont ouverts le dimanche. Heureusement vous pouvez l'aider:

la laverie (*launderette*): *ouverte tous les jours de 14h à 19h*
la salle de ping pong: *ouverte tous les jours de 9h à 21h*
le bar: *ouvert tous les soirs de 18h à 22h sauf le dimanche*

De votre côté, vous demandez à votre voisin/e si les équipements suivants sont ouverts le dimanche. Notez ses réponses:

la boîte de nuit
la piscine
le supermarché

FICHE **6B**

Vous assistez à un colloque au Centre des Congrès de Reims. Il y a des changements au programme. Vous demandez des renseignements à l'accueil. C'est vous qui parlez en premier. Notez les changements sur votre programme ci-dessous:

Expressions utiles
* *Pardon, Monsieur/Madame, est-ce qu'il y a des changements au programme?*

7h à 9h	Petit déjeuner	Cafétéria	1 étage
9h à 10h30	Séance d'ouverture	Salle 1	rez-de-chaussée
10h30 à 11h	Pause-café	Salon	1 étage
11h à 12h30	Ateliers: Groupe A	Salle 3	1 étage
	Groupe B	Salle 5	2 étage
	Groupe C	Salle 4	2 étage
12h30 à 14h	Déjeuner	Restaurant	3 étage

FICHE **7B**

Vous assistez à un colloque au Centre des Congrès de Reims. En sortant de la salle de conférence, on vous demande des renseignements. En consultant votre plan, vous indiquez à votre voisin/e les endroits qu'il/elle cherche.

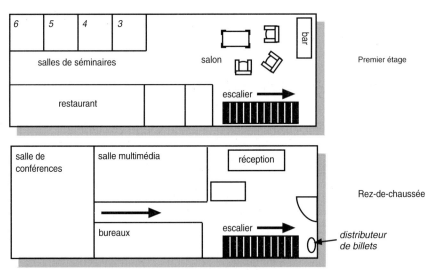

Par la suite, vous lui demandez les renseignements suivants:

* Vous voulez acheter un journal. Vous cherchez donc un kiosque.
* Vous devez téléphoner à votre travail. Vous cherchez des cabines téléphoniques.
* Vous cherchez les toilettes.

FICHE 8B *Activité 1*

Votre voisin/e vous posera des questions pour savoir le genre de film que vous aimez. Vous détestez la science-fiction, vous n'aimez pas beaucoup les dessins animés, mais vous aimez beaucoup les films comiques. Votre voisin/e vous proposera un film. Demandez-lui l'adresse du cinéma et l'heure de la séance.

Activité 2

Changez de rôle. C'est vous qui posez des questions à votre voisin/e pour savoir le genre de film qu'il/elle préfère. Notez ses réponses, consultez la grille ci-dessous et donnez-lui le nom d'un film qui corresponde à ses goûts.

Expressions utiles
• *Il y a un excellent film historique/d'horreur au Montparnasse*

Nom du film	Genre	Cinéma	Séance
Le château	Historique	Montparnasse 34, rue de Rennes	18h15
Le serpent	Horreur	Splendid 67, rue St. André des Arts	19h30
Action directe	Policier	Select 45, rue Saint Michel	20h45

FICHE 9B *Activité 1*

Vous téléphonez à un/e ami/e pour l'inviter à dîner au restaurant. Donnez-lui rendez-vous:

- mardi de la semaine prochaine à 19h45
- au restaurant 'Chez Bosc', 7, rue Richepanse, dans le 8ème arrondissement
- le métro le plus proche, c'est Concorde

Activité 2

Un/e ami/e vous téléphone pour vous inviter à dîner au restaurant. Notez le nom et l'adresse du restaurant, ainsi que l'heure et le jour du rendez-vous.

Activité 1

Vous travaillez au restaurant '*Chez François*', 12, rue des Plantes, Paris 14ème (métro Alésia). Le téléphone sonne. C'est quelqu'un qui veut réserver un table. Notez la réservation et répondez aux questions du/de la client/e.

Activité 2

Changez de rôle. Vous téléphonez au restaurant '*La Marmite*'. Vous voulez réserver:

- une table pour quatre personnes
- pour le samedi 14 janvier à 20h45

Vous voulez savoir l'adresse du restaurant et la station de métro la plus proche.

Activité 1

Vous travaillez au standard aux **Éditions Brocart**. On vous demande les personnes suivantes mais leurs numéros ont changé. Vous donnez le nouveau numéro.

	Nouveau numéro
Monsieur Charles Lemaire	69-89-41-49
Madame Annie Brocart	81-95-17-51
Madame Suzanne Audibert	41-41-20-16

Expressions utiles
- *Éditions Brocart . . . Bonjour . . .*
- *Je suis désolé/e mais Madame/Monsieur . . . a changé de numéro.*
- *Son nouveau numéro, c'est le . . .*

Activité 2

Changez de rôle. Vous téléphonez à l'Institut Bertier. Vous voulez parler aux personnes suivantes. À chaque fois, le standard vous annonce que la personne a changé de numéro. Notez le nouveau numéro.

	Nouveau numéro
Monsieur Alain Bertier	
Madame Christine Dubuis	
Madame Hélène Latour	

FICHE 12B

Vous travaillez à l'**Hôtel Les Pins**. Le téléphone sonne … Vous répondez aux questions du/de la client/e en vous référant à la brochure ci-dessous. Puis notez sa réservation sur la fiche de réservation.

Hôtel LES PINS
86, Avenue de l'Adour, ANGLET 64 600   **Tél: 59-63-12-08**

Prix des chambres:	Chambre avec lavabo	120F
	Chambre avec douche	150F
	Chambre avec salle de bains	200F
Supplément petit déjeuner:		25F

*** Restaurant *** Cuisine traditionnelle *** 12 chambres
*** Parking *** À 5 minutes de la plage *** Ambiance tranquille
Nous demandons à notre aimable clientèle de verser à la réservation un acompte équivalent au tarif d'une nuit.

Hôtel LES PINS   FICHE DE RÉSERVATION
Nom: ....
Adresse: ....
Chambre(s): ....
Dates: .... Parking? ☐   Petit déjeuner? ☐

FICHE 13B

Activité 1

C'est vous qui commencez la conversation. Vous téléphonez à un/e ami/e parisien/ne:

- Vous confirmez votre arrivée à Paris lundi après-midi, Gare St. Lazare, à 13h30.
- Notez l'endroit où il faut attendre votre ami/e.

Activité 2

Changez de rôle. Vous répondez au téléphone. C'est un/e ami/e français/e qui vous téléphone pour confirmer son arrivée à Londres la semaine prochaine.

- Notez le jour et l'heure de son arrivée.
- Expliquez que vous irez le/la chercher en voiture et qu'il/elle doit attendre à côté du bureau des renseignements.

Activité 1

C'est votre voisin/e qui commence. Il/elle va passer trois coups de téléphone. Répondez-lui à partir des informations ci-dessous. Notez tout renseignement important.

1 Vous êtes l'ami d'Albert. La ligne est mauvaise. Demandez à la personne de répéter. Albert est absent. Il rappellera.
2 Votre numéro est le 85-12-10-59. Vous êtes propriétaire d'un restaurant *'Le Pied de Porc'*.
3 Vous êtes la secrétaire de M. Drouet. M. Drouet n'est pas là. Il rentrera vers 16 heures. Y a-t-il un message à prendre?

Activité 2

Maintenant c'est vous qui passez trois coups de téléphone à partir des informations ci-dessous. Votre voisin/e vous répondra. Notez les réponses si c'est nécessaire.

1 Vous appelez la Sécurité Sociale au 27-49-68-95.
2 Vous voulez parler à votre amie, Anne.
3 Vous téléphonez à votre amie Amélie au 15-30-42-16 pour confirmer votre arrivée chez elle. Le train arrive à 15h15 vendredi après-midi.

Activité 1

Vous arrivez à la gare de Strasbourg. Votre ami/e est venu/e vous chercher. Il/elle vous demande si vous avez fait bon voyage. Votre voyage s'est mal passé.

Avant de raconter le voyage, préparez votre histoire à partir des phrases ci-dessous:

Pour commencer …	• je n'ai pas pu trouver de taxi. • je me suis trompé/e de gare.
Puis …	• j'ai oublié de composter mon billet. • j'ai perdu mon billet.
Je suis allé/e trouver le contrôleur …	• heureusement il a compris, • malheureusement il n'a pas compris, • et il ne m'a pas donné d'amende. • et il m'a donné une amende.
Finalement en descendant du train …	• j'ai oublié mon sac dans le train. • j'ai cassé mes lunettes.

Activité 2

Changez de rôle. Vous allez chercher un/e ami/e à la gare de Grenoble. Vous lui posez des questions sur son voyage et vous commentez ses réponses. Puis proposez-lui d'aller boire quelque chose au café. Vous pouvez employer les expressions suivantes:

- *Tu as fait bon voyage?*
- *Qu'est-ce qui s'est passé?*
- *Tu as eu de la chance/Tu n'as pas eu de chance*
- *Et alors?*
- *Allez viens, je t'offre un verre. Tu l'as bien mérité.*

FICHE 16B

Votre voisin/e va vous poser des questions sur les informations que vous avez rassemblées sur l'homme disparu. Répondez-lui en mettant les verbes entre parenthèses au **passé composé**. Puis posez-lui les questions nécessaires pour compléter vos notes.

Expressions utiles
- *Monsieur X, qu'est-ce qu'il a fait à 10h30?*
- *Est-ce qu'on a retrouvé sa veste?*

10h25	il (composter) son billet
10h30	_____
10h40	il (parler) à sa voisine, une jeune femme de 25 ans.
11h00	_____
11h10	il (inviter) sa voisine à aller prendre une bière au bar. Elle (refuser).
11h40	_____
11h45	il (acheter) un sandwich au bar.
11h50	_____
	Personne ne l'a revu depuis …
Sa veste	_____
Sa valise	On la (retrouver) dans le compartiment. Elle contenait un faux passeport français et trente mille dollars en billets.

Votre conclusion:

FICHE 17B

Vous êtes Michel/Michelle Duverger. Vous êtes en stage en Angleterre. Vous rencontrez un/e autre Français/e dans un pub. En vous basant sur les notes ci-dessous, vous parlez de vous et de vos impressions sur l'Angleterre. Notez tout ce que vous avez en commun.

Michel/le Duverger

En Angleterre	Étudiant/e à Londres
	Licence en informatique: 1 an
Lieux visités:	Brighton, pays de Galles
Impressions:	Le pays de Galles ressemble à la Bretagne
	Les pubs ont de l'ambiance
	Les Anglais sont très forts en musique pop

En France
Ville d'origine: Nantes
Formation: Diplôme d'ingénieur
Expérience professionnelle: Vendeur/vendeuse pour la société Apple: 8
                             mois

FICHE **18B**   ## *Activité 1*

À partir du graphique ci-dessous, décrivez à votre voisin/e l'évolution du taux de chômage pour le Royaume-Uni.

Expressions utiles:

- *Le taux de chômage était de . . . . . . en 19 . . . . . .*
- *Il a augmenté jusqu'à . . . . . . pour cent en 19 . . . . . .*
- *Entre 19 . . . . . . et 19 . . . . . . il a diminué jusqu'à . . . . . . pour cent.*

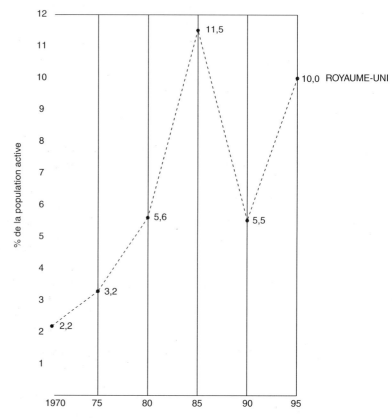

Taux de chômage (moyenne annuelle)

Activité 2

Vous voulez comparer l'évolution du taux de chômage au Royaume-Uni avec celle de la France. Demandez à votre voisin/e de vous décrire l'évolution du taux de chômage pour la France. Dessinez la courbe sur votre graphique.

Activité 3

À partir de votre graphique, remplissez les blancs dans les phrases ci-dessous:

    a En 19_____, le taux de chômage en France a atteint 10,3%.
    b Entre 1985 et 1990 le taux de chômage au Royaume-Uni a _____ plus vite qu'en France.
    c Entre 1970 et 1985, le taux de chômage en France a _____ de 7,7%.

FICHE 19B

Activité 1

Vous voulez vous renseigner sur le 1er cycle de l'enseignement secondaire qui correspond au **collège**. Posez les questions suivantes à votre voisin/e et notez ce qu'il/elle dira:

- Quelle est la durée du 1er cycle?
- Les écoliers ont quel âge quand ils entrent au collège?
- Quelles sont les différences entre les programmes de 5ème et de 4ème?
- À quel diplôme mène la 3ème?
- Que faut-il faire pour être admis au lycée?

Activité 2

Maintenant à vous de répondre aux questions que va vous poser votre voisin/e sur le 2ème cycle de l'enseignement secondaire qui correspond au **lycée**.

2ème cycle

Examen: **Le bac**	Les élèves passent le bac à la fin de la terminale. S'ils le réussissent, ils pourront faire **des études supérieures**.
Terminale – 18 ans	• le bac L (littéraire) • le bac S (scientifique) • le bac ES (économique et social) • les bacs technologiques
1ère (première) – 17 ans	Les lycéens choisissent les options qui mènent aux différents baccalauréats. À la fin de la première, les élèves passent un examen de français dont la note compte pour les résultats du bac.
2e (seconde) – 16 ans	Les programmes ne sont pas spécialisés et les élèves étudient: Français, Mathématiques, Histoire, Géographie, Langue vivante, Physique, Biologie et Éducation Physique. Les élèves doivent choisir en plus une option obligatoire de 3 heures.

Activité 1

Vous avez un DEUG de psychologie. Vous voulez maintenant entrer dans une école de gestion. Vous parlez assez bien l'anglais et l'allemand. Un/e ami/e a vu une publicité pour une formation supérieure. Il/elle vous téléphone pour vous en parler. Vous lui posez des questions sur:

- les conditions d'admission
- le programme
- les possibilités de spécialisation
- la possibilité de faire un stage en Allemagne

Vous lui demandez l'adresse et le numéro de téléphone de l'école.

Activité 2

Votre ami/e qui se destinait à devenir vétérinaire a échoué au DEUG. Il/elle décide de devenir aide-vétérinaire. Vous avez trouvé une publicité qui pourrait l'intéresser. Vous lui téléphonez et vous répondez à ses questions à partir de l'annonce ci-dessous:

FORMATION D'AIDE VÉTÉRINAIRE
UN MÉTIER AU CONTACT DU MONDE ANIMAL

CONDITIONS D'ADMISSION

- Terminale ou BAC
- B.T.A.
- Sélection sur dossier de candidature et entretien

FORMATION

- 2 ans d'études théoriques et pratiques
- Enseignement dispensé par des Vétérinaires
- Sept stages obligatoires sur les 2 années dans tous les milieux en rapport avec la Profession
- Diplôme d'Aide-Vétérinaire délivré par l'Ecole

DES DÉBOUCHÉS ASSURÉS

- Bureau de placement au sein de l'Ecole
- Service d'intérim pour les titulaires du diplôme

DES POSTES ENTHOUSIASMANTS

- Cabinets ou Cliniques Vétérinaires
- Délégués médicaux Vétérinaires
- Industries agro-alimentaires et laboratoires

INSTITUT BONAPARTE FORMATION D'AIDE-VETERINAIRE
Enseignement privé

82, Rue CURIAL 75019 PARIS
(1) 40 35 31 32 - (1) 44 89 87 00 - Fax (1) 40 35 82 69

FICHE 21B

Activité 1

Vous travaillez pour l'organisation *Mary Poppins*. Vous recrutez des jeunes gens pour des postes d'*au pair* dans toute l'Europe. Le téléphone sonne, vous répondez aux questions qu'on vous pose sur ces postes à partir des informations ci-dessous. Puis vous notez les coordonnées du/de la candidat/e:

Postes à pouvoir:	Hommes ou femmes, non-fumeurs, aimant les enfants
Durée:	Séjours de 6 mois
Profil:	• Maîtriser la langue du pays
	• Pour l'Allemagne ou l'Autriche: personnes âgées de 18 à 24 ans
	• Pour l'Irlande et la Grande-Bretagne: personnes âgées de 18 à 26 ans
	• Pour la Belgique, les Pays-Bas, la Norvège, l'Espagne et l'Italie: personnes âgées de 18 à 30 ans

Coordonnées du/de la candidat/e:
Nom:
Numéro de téléphone:
Âge:
Langues étrangères:
Expérience professionnelle:

Activité 2

Maintenant, changez de rôle. Vous cherchez un emploi pour quelques semaines. Vous avez 23 ans. Évidemment vous parlez parfaitement l'anglais et vous maîtrisez assez bien l'espagnol à l'oral. Vous avez travaillé pendant 5 semaines à St. Tropez comme vendeur/vendeuse de glaces sur la plage. Vous avez donc l'habitude des longues journées de travail. Vous avez vu une offre dans *L'Étudiant* pour un emploi de vendeur/vendeuse. Vous téléphonez au Comité de la Foire de Marseille pour vous renseigner.

Posez des questions à votre voisin/e pour remplir les blancs dans le CV ci-dessous. Il/elle vous posera d'autres questions à son tour.

Nom:	Dowman Michael
Adresse:	_____ Southampton, Angleterre
Tél:	01703 546204
Date de naissance:	le 29 mai, 1973
Nationalité:	_____
Formation:	

- 1992–1995 B.Sc. (Licence) en biochimie à l'université de Southampton (2.1 = mention bien)
- 1991   A Levels (équivalent au baccalauréat) Options: Biologie, Chimie, Mathématiques
- 1989   GCSE Options: _____
- 1984–1991 _____

Expérience professionnelle:

- été 1994 _____
- été 1993   Stage de 4 semaines à Apple, Crawley

Divers:

- _____
- Bonne connaissance de l'informatique

Loisirs:

- _____
- Les voyages: tour du monde en 1991–92

Travaillez avec votre voisin/e pour remplir la fiche suivante sur l'entreprise MICHAUD. Posez-lui les questions nécessaires pour remplir votre fiche.

SOCIÉTÉ MICHAUD	
NOM DU DIRECTEUR	Richard Michaud
DATE DE CRÉATION	_____
SIÈGE SOCIAL	Rouen
EFFECTIF	_____
MISSION	Fabriquer des appareils électroménager
NOMBRE DE FILIALES	2
MISSION DES FILIALES	_____

| FICHE 24B | Vous voulez en savoir plus sur la société Maréchal qui fabrique des jouets en bois. Posez des questions à votre voisin/e afin de remplir les cinq trous dans l'organigramme suivant: |

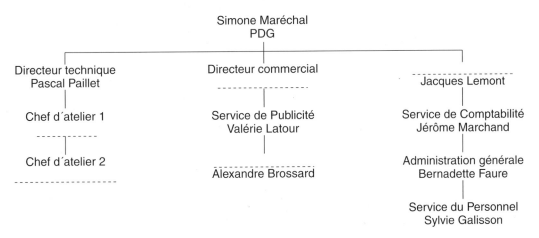

MARÉCHAL
Fabricants de jouets en bois

Simone Maréchal
PDG

Directeur technique
Pascal Paillet

Directeur commercial
- - - - - - - - - - - - - - - -

Jacques Lemont

Chef d'atelier 1

Service de Publicité
Valérie Latour

Service de Comptabilité
Jérôme Marchand

Chef d'atelier 2
- - - - - - - - - - - - - - - -

Alexandre Brossard

Administration générale
Bernadette Faure

Service du Personnel
Sylvie Galisson

Expressions utiles
- *Savez-vous qui est à la tête du service commercial?*
- *Savez-vous quelle est la fonction de Madame Faure?*
- *Pourriez-vous me dire le nom du directeur commercial?*

| FICHE 25B | ## *Activité 1* |

Vous êtes André. Vous rencontrez Céline dans le train. Vous ne vous êtes pas vus depuis le lycée. C'est elle qui engage la conversation. Répondez-lui à partir des informations suivantes:

- Vous travaillez à mi-temps comme journaliste.
- Vous êtes marié depuis 3 ans avec Laurence. Vous avez une petite fille de deux ans.
- Votre frère Patrice fait des études en Angleterre (à vous d'imaginer . . .)

Vous lui posez des questions sur:

- ce qu'elle fait actuellement
- son petit ami
- ses parents

| FICHE 26B | Un/e ami/e vous téléphone. Vous venez tous/toutes les deux de commencer un nouveau poste, vous à Lyon, votre ami/e à Paris. Discutez à partir des notes ci-dessous: |

Questions à poser à votre ami/e
- New job? Since when? What's it like?
- Where does he/she live?

- What's Paris like?
- Social life?

Votre situation ...

New job:	started 3 months ago, very interesting, learning a lot
Getting to work:	1 hour by bus – unbearable at peak times
Colleagues:	very nice on the whole, go out for meals together
Lyon:	lively, dynamic, starting to know it well, going out to night clubs and restaurants
Social life:	good friend at work, you're going skiing together next week

GRAMMAR SUMMARY

Nouns

- Nouns can refer to people, things, places or abstract ideas (e.g. house, *la maison*; dictionary, *le dictionnaire*; France, *la France*; tourism, *le tourisme*).

- Nouns in French are either masculine (*le dictionnaire*) or feminine (*la maison*). Where gender is not obvious, you can sometimes identify it by looking at the ending of the noun.

1 GENDER

Masculine			Feminine		
Ending	*Example*	*Key exceptions*	*Ending*	*Example*	*Key exceptions*
-age	*garage*	*plage, âge, page, image*	-ace	*place*	*espace*
-al	*animal*		-ade	*façade*	*stade*
-at	*baccalauréat*		-aison	*maison*	
-eau	*chapeau*	*eau, peau*	-ance/se	*France*	
-ège	*collège*		-ande	*demande*	
-et	*objet*		-ée	*soirée*	*lycée*
-ien	*électricien*		-ence	*agence*	*silence*
-isme	*tourisme*		-euse	*vendeuse*	
-asme	*enthousiasme*		-ie	*économie*	
-oir	*couloir*		-ière	*bière*	
-ment	*enseignement*		-ique	*technique*	
			-ise	*valise*	
			-sion/tion	*télévision*	
			-té	*nationalité*	*côté*
			-tié	*moitié*	
			-tude	*étude*	
			-ure	*culture*	
			double consonant + e	*bouteille, personne technicienne, botte*	*verre*

2 FORMATION OF NOUNS

	Masculine	Feminine
general rule	*un Anglais*	*une Anglaise*
ending in **-e**	*un élève*	*une élève*
ending in **-er**	*un épicier*	*une épicière*
ending in **-eur**	*un vendeur*	*une vendeuse*
ending in **-ien**	*un Italien*	*une Italienne*
ending in **-teur**	*un chanteur*	*une chanteuse*
	un acteur	*une actrice*

	Singular	Plural
general rule	*la bière*	*les bières*
ending in **-s, -x, -z**	*la voix*	*les voix*
ending in **-au, -eau, -eu**	*le jeu*	*les jeux*
ending in **-al, -ail**	*le travail*	*les travaux*

Adjectives

← *p. 30*

• Adjectives give further information about nouns and pronouns, e.g. *Elle est française; J'ai lu un livre intéressant.*

• Adjectives in French 'agree' in number and gender with the noun to which they refer, so any adjective will have four forms: masculine singular, masculine plural, feminine singular, feminine plural.

• In general, adjectives are placed after the noun they refer to. Some adjectives, however, are placed before the noun, and some change in meaning depending on whether they are placed before or after the noun.

1 FORMATION OF ADJECTIVES

	Masculine		Feminine	
	Singular	Plural	Singular	Plural
general rule	*grand*	*grands*	*grande*	*grandes*
ending in **-as**	*gras*	*gras*	*grasse*	*grasses*
ending in **-c**	*grec*	*grecs*	*grecque*	*grecques*
ending in **-e**	*jeune*	*jeunes*	*jeune*	*jeunes*
ending in **-eil**	*pareil*	*pareils*	*pareille*	*pareilles*
ending in **-el**	*réel*	*réels*	*réelle*	*réelles*
ending in **-en**	*italien*	*italiens*	*italienne*	*italiennes*
ending in **-er**	*étranger*	*étrangers*	*étrangère*	*étrangères*
ending in **-f**	*neuf*	*neufs*	*neuve*	*neuves*
ending in **-g**	*long*	*longs*	*longue*	*longues*
ending in **-il**	*gentil*	*gentils*	*gentille*	*gentilles*
ending in **-on**	*breton*	*bretons*	*bretonne*	*bretonnes*
ending in **-s**	*français*	*français*	*francaise*	*françaises*
ending in **-x**	*heureux*	*heureux*	*heureuse*	*heureuses*

2 IRREGULAR ADJECTIVES

Masculine Singular	Plural	Feminine Singular	Plural
*beau/bel**	*beaux*	*belle*	*belles*
*nouveau/nouvel**	*nouveaux*	*nouvelle*	*nouvelles*
*vieux/vieil**	*vieux*	*vieille*	*vieilles*

* These forms are used in front of a masculine singular noun beginning with a vowel: e.g. *un vieil acteur.*

3 WORD ORDER

- The following common adjectives come in front of the noun:

grand	petit	*C'est une **grande** ville universitaire*
long	court	*C'est un **long** voyage*
bon	mauvais	*C'est une **mauvaise** plaisanterie*
meilleur	pire	*C'est le **meilleur** joueur*
vieux	jeune	*C'est une **jeune** femme charmante*
	nouveau	*J'ai une **nouvelle** voiture*

- Possessive and demonstrative adjectives also precede the noun. Note that like other adjectives, possessive adjectives change according to the noun they describe: *Pierre est allé voir **sa** mère et **son** père.*

Possessive adjectives			
mon	ma	mes	*my*
ton	ta	tes	*your*
son	sa	ses	*his/her*
notre	notre	nos	*our*
votre	votre	vos	*your*
leur	leur	leurs	*their*
Demonstrative adjectives			
ce/cet*	cette	ces	*this/these*

* This form is used in front of a masculine singular noun beginning with a vowel.

- The following adjectives change their meaning, depending on their position

former	ancien	*old*	*un **ancien** petit-ami ... une culture **ancienne***
dear	cher	*expensive*	*mon **cher** Jacques ... une voiture **chère***
last	dernier	*previous*	*le **dernier** métro ... la semaine **dernière***
same	même	*very*	*la **même** chose ... au cœur **même** de Paris*
unfortunate	pauvre	*not rich*	***pauvre** Édith! ... une région **pauvre***
own	propre	*clean*	*mon **propre** travail ... une maison **propre***
only	seul	*alone, lonely*	*la **seule** solution ... une personne **seule***

Articles

← *See p. 22 for au/aux, du/des*

• Articles ('the, a, an') are placed in front of nouns. They are used more widely in French than in English. For example, 'I like cats' → J'aime *les* chats; 'I drank champagne' → J'ai bu *du* champagne.

1 DEFINITE ARTICLE (LE, LA, LES = THE)
• refers to specific nouns   *Les chats ici sont gros.*
• refers to things as categories or in general   *La musique est importante dans la vie.*
                                                                          Les Français apprécient la bonne cuisine.
• used for talking about preferences   *Je n'aime pas les films d'horreur.*
• used with countries, languages   *la France – le français:* but *en France*
• used with parts of the body   *J'ai mal à la tête.*
• used with times of day and days   *Le matin, vous avez cours.*
  of the week to refer to routine   *Le vendredi soir, on va au cinéma.*

2 INDEFINITE ARTICLE (UN, UNE, DES = A, SOME)
• similar to English 'a, some'   *J'ai une voiture. J'ai des amis en France.*
  but 'She's **a** student'   *Elle est étudiante.*
       'I've got problems'   *J'ai des problèmes.*
• in negative sentences, changes to **de**   *Je n'ai pas de voiture.*

3 PARTITIVE ARTICLE (DU, DE LA, DES = SOME, ANY)
• is often not translated in English   *Je mange souvent du fromage.*
• refers to 'part of a whole', so often used
  after verbs such as *boire, manger, acheter*   *J'ai acheté du fromage.*
• after expressions of quantity, changes to **de** *J'ai mangé beaucoup de fromage.*
• in negative sentences, changes to **de**   *Je ne bois pas de café.*

Pronouns

← *p. 60, p. 77, p. 148, p. 160, p. 173*

• As their name suggests, pronouns refer to nouns, that is people, things, places or ideas.

1 PERSONAL PRONOUNS

Emphatic	Subject	Reflexive	Direct object	Indirect object		
moi	je	me	me	me		
toi	tu	te	te	te		
lui	il	se	le	lui		
elle	elle	se	la	lui		
soi	on	se	–	–	y	en
nous	nous	nous	nous	nous		
vous	vous	vous	vous	vous		
eux	ils	se	les	leur		
elles	elles	se	les	leur		

Emphatic pronouns

Emphatic pronouns are used
- after prepositions
- after *c'est, ce sont*, etc.
- for emphasising the subject of the verb
- to replace a subject pronoun
- in comparisons

*Tu veux venir avec **moi**?*
*C'est **lui** qui a téléphoné?*
***Nous**, nous allons prendre une bière.*
*Ma femme et **moi** vous remercions …*
*Elle est plus grande que **toi**.*

Subject pronouns

- **Tu** is used to friends, family and children. It can be very impolite if used incorrectly.
- **Vous** is used to strangers and acquaintances and indicates respect. If you're unsure, use *vous*.
- **On** is often used in place of *nous* or to mean 'you/one/people in general'

*Qu'est-ce qu'**on** fait ce soir?*
*Comment dit-**on** 'appointment' en français?*

Direct object pronouns (⬅ *p. 60)*

These replace a noun which is the direct object of the verb.
- **le** = masculine singular noun   *Tu connais **James**?*   *Oui, je **le** connais bien.*
- **la** = feminine singular noun   *Tu vas taper **ta lettre**?*   *Oui, je vais **la** taper.*
- **les** = plural noun   *Tu as vu **les enfants**?*   *Non, je ne **les** ai pas vus.*

Indirect object pronouns (⬅ *p. 60)*

These replace a noun which is the indirect object of the verb.
- **lui** = *à, au, à la* + singular noun (person)
 *Il a parlé **à Daniel**?*   *Oui, il **lui** a parlé.*
- **leur** = *à, aux* + plural noun (person)
 *Il a parlé **aux enfants**?*   *Oui, il **leur** a parlé.*

Y (⬅ *p. 160)*

- replaces *à, au, à la, aux* + noun (thing)
 *Tu joues **au squash**?*   *Oui, j'**y** joue souvent.*
- replaces *à, dans, en, sur* + noun with the meaning 'there'
 *Jon est parti **en France**.*   *Il va **y** passer 3 mois.*

En (⬅ *p. 160)*

- replaces *de/du/de la/des* or *un/e* + noun
 *Tu veux **du thé**?*   *Non merci, je n'**en** veux pas.*
 *Je cherche **un stylo**.*   *Tu **en** trouveras un là-bas.*

Order of personal pronouns

All personal pronouns, except emphatic pronouns, are placed immediately in front of the verb. They are ordered left to right as in the table opposite.
- *Voici l'annonce – je vais **te la** lire*
- *Vous avez envoyé le paquet à Jacques? Non, je vais **le lui** donner ce soir.*
- *Vous avez parlé de la fête aux enfants? Non, je vais **leur en** parler demain.*
- *Tu va t'inscrire au cours d'anglais? Oui je vais **m'y** inscrire demain.*

2 RELATIVE PRONOUNS (← P. 148, P. 173)

These are used to link two parts of a sentence. The following pronouns refer back to specific nouns:

- **qui** replaces a subject — *Il prépare un concours **qui** est très difficile.*
- **que** replaces a direct object — *J'ai des clients **que** je vois tous les jours.*
- **où** replaces an indication of place or sometimes of time — *C'est un endroit **où** l'on peut travailler.* / *C'était l'époque **où** l'on sacrait les rois à Reims.*

- When **qui** and **que** are preceded by **ce**, they relate to a general idea, not to a specific noun. This construction can be used: to link two parts of a sentence; to specify a new topic; or to make a comment on the idea just expressed.
- **ce qui** replaces a subject, e.g.

  *Je ne comprends pas **ce qui** se passe.*

  ***Ce qui** m'intéresse, c'est la cathédrale.*

  *Les cafés sont ouverts, **ce qui** fait que la place est plus animée.*
- **ce que** replaces a direct object, e.g.

  *Explique-moi **ce que** cela veut dire.*

  ***Ce que** je veux savoir, c'est pourquoi elle est partie.*

  *Elle est partie, **ce que** je ne comprends pas.*

3 POSSESSIVE PRONOUNS (LE MIEN) AND DEMONSTRATIVE PRONOUNS (CELUI)

- Possessive pronouns indicate possession ('mine', 'yours', 'hers') and are used with the appropriate definite article:

  e.g. J'ai ouvert *la valise* – ce n'était pas **la mienne**. J'ai perdu *ce livre* – et ce n'était pas **le mien**.
- Demonstrative pronouns are translated as 'the one, the ones, those'

  e.g. Il y a deux catégories de *clients*: **ceux** qui sont agressifs et **ceux** qui dépriment

  J'ai oublié le titre du *livre* . . . **celui** qui est écrit par Catherine Rihoit . . .
- Possessive pronouns and demonstrative pronouns change depending on the form of the noun (masculine, feminine, singular, plural) they replace:

	Singular Masculine	Feminine	Plural Masculine	Feminine
Possessive	→	→	→	→
mine	**le** mien	**la** mienne	**les** miens	**les** miennes
yours	**le** tien	**la** tienne	**les** tiens	**les** tiennes
his, hers	**le** sien	**la** sienne	**les** siens	**les** siennes
ours	**le** nôtre	**la** nôtre	**les** nôtres	**les** nôtres
yours	**le** vôtre	**la** vôtre	**les** vôtres	**les** vôtres
theirs	**le** leur	**la** leur	**les** leurs	**les** leurs
Demonstrative				
the one, those	celui	celle	ceux	celles

Question forms

← *p. 5, p. 11*

- There are three different constructions for asking questions in French.

1 SUBJECT + VERB + QUESTION WORD
The question word is placed at the end or, occasionally, at the beginning of the ordinary (declarative) sentence form. This form is associated with relaxed speech and is less used in writing.

2 QUESTION WORD + 'EST-CE QUE' + SUBJECT + VERB
This form is neutral in register but can create long and clumsy questions.

3 QUESTION WORD + VERB + SUBJECT
This form tends to be used in more formal registers, in particular in writing.

- In the case of 'yes/no' questions, no question word is used: the question is indicated by intonation or inversion of the subject and verb.

	Form 1	Form 2	Form 3
Yes/No	Tu veux venir?	Est-ce que tu veux venir?	Veux-tu venir?
What?	Tu fais **quoi**?	**Qu'est-ce que** tu fais?	**Que** fais-tu?
When?	Tu viens **quand**?	**Quand est-ce que** tu viens?	**Quand** viens-tu?
Where?	Tu vas **où**?	**Où est-ce que** tu vas?	**Où** vas-tu?
Why?	**Pourquoi** tu pars?	**Pourquoi est-ce que** tu pars?	**Pourquoi** pars-tu?
How?	Tu le fais **comment**?	**Comment est-ce que** tu le fais?	**Comment** le fais-tu?
Which?	Tu préfères **quel** jour?	**Quel** jour **est-ce que** tu préfères?	**Quel** jour préfères-tu?
Who?	Tu préfères **qui**?	**Qui est-ce que** tu préfères?	**Qui** préfères-tu?

Verbs

INFINITIVE
- basic form of the verb, as found in the dictionary.
- is often used after another verb, such as *aller, pouvoir, devoir, vouloir*, (← p. 40).

PRESENT
- current routine   *Le vendredi ils **vont** au cinéma.*
- general statements   *Édith **habite** Paris.*
- actions in progress   *Kate **s'amuse** bien à Paris.*
- immediate future   *Kate **arrive** à Reims dimanche.*
- with *depuis*   *Édith **apprend** l'anglais depuis un mois.*

FUTURE (← P. 68)
- announcing future plans   *Je lui **dirai** de vous rappeler.*
- predicting the future   *Kate t'**écrira**, j'en suis sûre.*
- future reference after *quand*   *Quand j'**aurai** 50 ans, je serai riche.*

CONDITIONAL (← P. 184)
- politeness   *Est-ce que je **pourrais** parler à Kate?*
- speculating with *si* + imperfect   *Hubert **serait** heureux si Kate était là.*

IMPERFECT (← P. 114)
- how things used to be   *Quand j'**étais** enfant, j'**aimais** le football.*
- past beliefs and feelings   *Je **croyais** que Bordeaux **était** sur la côte.*
- on-going actions in the past   *Il **regardait** la télé quand l'orage a éclaté.*

PERFECT (← P. 94)
- defined finished actions   *J'**ai effectué** cinq mois comme vendeur.*
- most verbs take *avoir*   *J'**ai attrapé** mon taxi et j'**ai retrouvé** Kate.*
- reflexive and ADVENT verbs take *être*

AGREEMENT ON PAST PARTICIPLE
- The following 'agreement' markers are sometimes placed on past participles:
  feminine singular = +**e**
  masculine plural = +**s**
  feminine plural = +**es**
- **Verbs taking avoir**
  Agreement is with a **direct object placed before the verb**:
  *Soulignez **les expressions** que vous n'avez pas compris**es**.*
  ***Les livres** que je t'ai prêté**s** . . . tu **les** as lu**s**?*
- **Verbs taking être**
  Agreement is with the **subject** of the verb:
  ***Cécile** est né**e** à Marne-la-Vallée.*
  ***Kate et Hubert** se sont rencontré**s** dans le train.*
- Where past participles are used like adjectives, they 'agree':
  ***La ville de Reims** a été bombardé**e**.*
  ***Les cathédrales** ont été construit**es** au 13e siècle.*

REGULAR VERBS

KEY IRREGULAR VERBS

	travailler	finir	vendre	avoir	être	faire	vouloir	pouvoir	devoir	venir	aller
INFINITIVE	travailler	finir	vendre	avoir	être	faire	vouloir	pouvoir	devoir	venir	aller
PRESENT											
Je	travaille	finis	vends	ai	suis	fais	veux	peux	dois	viens	vais
Tu	travailles	finis	vends	as	es	fais	veux	peux	dois	viens	vas
Il/Elle/On	travaille	finit	vend	a	est	fait	veut	peut	doit	vient	va
Nous	travaillons	finissons	vendons	avons	sommes	faisons	voulons	pouvons	devons	venons	allons
Vous	travaillez	finissez	vendez	avez	êtes	faites	voulez	pouvez	devez	venez	allez
Ils/Elles	travaillent	finissent	vendent	ont	sont	font	veulent	peuvent	doivent	viennent	vont
FUTURE											
Je	travaillerai	finirai	vendrai	aurai	serai	ferai	voudrai	pourrai	devrai	viendrai	irai
Tu	travailleras	finiras	vendras	auras	seras	feras	voudras	pourras	devras	viendras	iras
Il/Elle/On	travaillera	finira	vendra	aura	sera	fera	voudra	pourra	devra	viendra	ira
Nous	travaillerons	finirons	vendrons	aurons	serons	ferons	voudrons	pourrons	devrons	viendrons	irons
Vous	travaillerez	finirez	vendrez	aurez	serez	ferez	voudrez	pourrez	devrez	viendrez	irez
Ils/Elles	travailleront	finiront	vendront	auront	seront	feront	voudront	pourront	devront	viendront	iront
CONDITIONAL											
Je	travaillerais	finirais	vendrais	aurais	serais	ferais	voudrais	pourrais	devrais	viendrais	irais
Tu	travaillerais	finirais	vendrais	aurais	serais	ferais	voudrais	pourrais	devrais	viendrais	irais
Il/Elle/On	travaillerait	finirait	vendrait	aurait	serait	ferait	voudrait	pourrait	devrait	viendrait	irait
Nous	travaillerions	finirions	vendrions	aurions	serions	ferions	voudrions	pourrions	devrions	viendrions	irions
Vous	travailleriez	finiriez	vendriez	auriez	seriez	feriez	voudriez	pourriez	devriez	viendriez	iriez
Ils/Elles	travailleraient	finiraient	vendraient	auraient	seraient	feraient	voudraient	pourraient	devraient	viendraient	iraient
IMPERFECT											
Je	travaillais	finissais	vendais	avais	étais	faisais	voulais	pouvais	devais	venais	allais
Tu	travaillais	finissais	vendais	avais	étais	faisais	voulais	pouvais	devais	venais	allais
Il/Elle/On	travaillait	finissait	vendait	avait	était	faisait	voulait	pouvait	devait	venait	allait
Nous	travaillions	finissions	vendions	avions	étions	faisions	voulions	pouvions	devions	venions	allions
Vous	travailliez	finissiez	vendiez	aviez	étiez	faisiez	vouliez	pouviez	deviez	veniez	alliez
Ils/Elles	travaillaient	finissaient	vendaient	avaient	étaient	faisaient	voulaient	pouvaient	devaient	venaient	allaient
PERFECT											
J'	ai travaillé	ai fini	ai vendu	ai eu	ai été	ai fait	ai voulu	ai pu	ai dû	suis venu*	suis allé*
Tu	as travaillé	as fini	as vendu	as eu	as été	as fait	as voulu	as pu	as dû	es venu	es allé
Il/Elle/On	a travaillé	a fini	a vendu	a eu	a été	a fait	a voulu	a pu	a dû	est venu	est allé
Nous	avons travaillé	avons fini	avons vendu	avons eu	avons été	avons fait	avons voulu	avons pu	avons dû	sommes venus	sommes allés
Vous	avez travaillé	avez fini	avez vendu	avez eu	avez été	avez fait	avez voulu	avez pu	avez dû	êtes venu	êtes allé
Ils/Elles	ont travaillé	ont fini	ont vendu	ont eu	ont été	ont fait	ont voulu	ont pu	ont dû	sont venus	sont allés

* Where the subject is feminine, **e** is added to the past participle. See opposite.

KEY TO TEST

Below are the answers to the test on p. xiii of the Introduction.

6 Adjective agreement

1 a ii **b** i **c** iii **d** ii **e** ii

7 Verbs

2 a iii **b** ii **c** i **d** iii **e** i **f** iii **g** iii

3 a habitez **b** j'habite **c** parlez **d** parle **e** parle **f** étudie **g** trouve **h** travaillez **i** suis **j** parlent **k** sont **l** travaillent **m** vas **n** vais **o** J'ai **p** fait **q** est **r** est **s** allons **t** veux **u** peux **v** dois **w** vient

ACKNOWLEDGEMENTS

The authors and publishers would like to thank the following for permission to reproduce material in this book:

Cover and p. 96 photo of La Grande Arche de la Défense, Paris © Britstock IFA; cover and p. 110 photo of Reims Cathedral © French Picture Library; cover photo of Brighton Pavilion © Brighton Arts and Leisure Services; p. 38 cinema guide © Milan Presse/M. Bequet/*Clés de l'actualité* no. 158; p. 43 museum guide: Centre Pompidou, Louvre, Musée d'Orsay, Musée Picasso; pp. 44–5 *La Villette* photos EPPGHV © Jan Vogtschmidt, Thibaut Cuisset, Claude Carrère, M. Lamoureux; p. 46 restaurant guide © *L'Officiel des Spectacles* 19/12/90; p. 64 'guide hôtels 1994' © Office du Tourisme d'Anglet; p. 104 photo of Khanià, Crete, © Freelance Holidays, Stratford upon Avon, CV37 8PB; pp. 110–11 Reims tourist guides © L'Agence – Conseil en communication – 19, boulevard Saint Marceaux, Reims, France, extract from *Guide Bleu France* © Hachette (bottom left); p. 111 photo of Reims Cathedral © SUEE, Collection Reims Cathédrale; p. 112 photo of place d'Erlon, Reims © Editions Mage; p. 114 photo of Covent Garden and p. 117 photo of Miami © The Photographers' Library; p. 117 photo of QVC, 1993/4 © Millbank Public Relations; pp. 117–8 photo and article on IBM © *Le Parisien*, 28/07/93, article on télé-achat © *Le Parisien*, 04/10/93, article on Miami © *Le Parisien*, 08/07/93, photo and article on Air-Liberté © *Le Sud Ouest*; p. 120 photo of man making cheese © Britstock IFA/Diaf G. Guittot; p. 121 'Les bons filons' © *Le Parisien*, 08/07/93; p. 129 'Découvrez Nantes' © Office du Tourisme de Nantes; p. 133 'Demande d'inscription' © Université de Reims; p. 136 'Les lycéens face à l'université' © Milan Presse/*Clés de l'actualité* no.. 181; pp.141–2 'SUP de Co Reims' © Groupe ESC Reims; p. 157 'Les jobs de l'Étudiant' © l'*Étudiant*; p. 171 photos of IBM Sud-Ouest/Tour Septentrion © IBM (advertisement, Institut Bonaparte); p. 196 photo of Strasbourg, La Petite France, © Airdiasol/Rothan.

Every effort has been made to trace and acknowledge ownership of copyright. The publishers will be glad to make suitable arrangements with any copyright holders whom it has not been possible to contact.